U0511396

国外语言学译丛

经典著作

HOW TO TEACH A FOREIGN LANGUAGE

怎样教外语

〔丹麦〕奥托·叶斯柏森 著

田 靓 译

商务印书馆
The Commercial Press
创于1897

Otto Jespersen

HOW TO TEACH A FOREIGN LANGUAGE

London: George Allen & Unwin, Ltd. 1928

根据英国乔治·艾伦与昂温出版有限公司 1928 年英译本译出

国外语言学译丛编委会

主　编：

沈家煊（中国社会科学院语言研究所）

编　委：

包智明（新加坡国立大学）

胡建华（中国社会科学院语言研究所）

李　兵（南开大学）

李行德（香港中文大学）

李亚非（美国威斯康星大学）

刘丹青（中国社会科学院语言研究所）

潘海华（香港中文大学）

陶红印（美国加州大学）

王洪君（北京大学）

吴福祥（中国社会科学院语言研究所）

袁毓林（北京大学）

张　敏（香港科技大学）

张洪明（美国威斯康星大学）

朱晓农（香港科技大学）

总　　序

商务印书馆要出版一个"国外语言学译丛",把当代主要在西方出版的一些好的语言学论著翻译引介到国内来,这是一件十分有意义的事情。

有人问,我国的语言研究有悠久的历史,有自己并不逊色的传统,为什么还要引介西方的著作呢?其实,世界范围内各种学术传统的碰撞、交流和交融是永恒的,大体而言,东方语言学和西方语言学有差别,这固然是事实,但是东方西方的语言学都是语言学,都属于人类探求语言本质和语言规律的共同努力,这更是事实。西方的语言学也是在吸收东方语言学家智慧的基础上发展起来的,比如现在新兴的、在国内也备受关注的"认知语言学",其中有很多思想和理念就跟东方的学术传统有千丝万缕的联系。

又有人问,一百余年来,我们从西方借鉴理论和方法一直没有停息,往往是西方流行的一种理论还没有很好掌握,还没来得及运用,人家已经换用新的理论、新的方法了,我们老是在赶潮流,老是跟不上,应该怎样来对待这种处境呢?毋庸讳言,近一二百年来西方语言学确实有大量成果代表了人类语言研究的最高水准,是人类共同的财富。我们需要的是历史发展的眼光、科学的观念,加上宽广平和的心态。一时的落后不等于永久的落后;超过别人,就要先把人家的(其实也是属于全人类的)好的东西学到手,至少学到一个合格的程度。

　　还有人问，如何才能在借鉴之后有我们自己的创新呢？借鉴毕竟是手段，创新才是目的。近一二百年来西方语言学的视野的确比我们开阔，他们关心的语言数量和种类比我们多得多，但是也不可否认，他们的理论还多多少少带有一些"印欧语中心"的偏向。这虽然是不可完全避免的，但是我们在借鉴的时候必须要有清醒的认识，批判的眼光是不可缺少的。理论总要受事实的检验，我们所熟悉的语言（汉语和少数民族语言）在语言类型上有跟印欧语很不一样的特点。总之，学习人家的理论和方法，既要学进去，还要跳得出，这样才会有自己的创新。

　　希望广大读者能从这套译丛中得到收益。

沈家煊

2012 年 6 月

序

丹麦学者奥托·叶斯柏森(1860—1943)是语言学史上为数不多的生命力经久不衰的泰斗之一。他毕生勤耕不辍、著作等身,研究范围涉及语音学、语法学、语言史、外语教学、心理语言学等语言学多个领域。在早期的学术生涯中,他便积极倡导、实行现代外语教学改革,成为19世纪八九十年代欧洲外语教学改革运动中一位重要的领军人物。他对外语教学理论和实践的深入思考和改革探索,不仅对当时以及之后的丹麦英语教学发展做出了杰出的贡献,而且也赢得了全世界同行的瞩目。即使在21世纪的今天,无论是在外语教学理论还是在外语教学实践方面,我们仍然能够从叶翁的语言教学思想中汲取到足够多的营养。

《怎样教外语》(*Sprogundervisning*)最早由丹麦语写成,成书于1901年,迄今已有一百二十年,是叶翁早期的外语教学专著,也是确立其在外语教学中领军地位的经典著作。该书出版后被翻译成多种语言,英译本 *How to Teach a Foreign Language* 出版于1904年,距今也已近120年。120年来,外语教学新观念层出不穷,新方法花样繁多,然而就基本原则和发展方向来看,却正是沿着叶翁主张并践行的"轨道"奔驰。《怎样教外语》文风质朴,叶翁深入浅出地将复杂的教学问题说得清楚明白,丰富翔实的例子让没有教学背景的读者也能读懂。

然而,我们不得不承认,当百余年前的语言(无论是丹麦语还是英语)成为与先贤交流的唯一工具时,我们时常深感无助,更何况我们所看到的英译本也是来自于对叶翁丹麦文原版的翻译,中间已经经过一次转译。这里,我要感谢田靓博士把这本名著的英译本翻译成了汉语,让更多的人能够了解叶翁的语言教学思想,体会其改革之精神,发现其理性之光辉,并深刻地思考他提出的外语教学的精髓。

　　我与田靓博士初识于 2013 年,她作为斯坦福大学的访问学者顺访美国明德中文暑期学校,而我作为该校的校长聘请她为我校的研究生开设课程。她深厚的语言学功底和勤奋、敬业的工作态度给我和学生们留下了深刻而美好的印象。记得在聊天中,她曾提及想翻译叶翁的这本书。我一向认为年轻人的科研、生活压力很大,而翻译是一件耗时耗力、吃力不讨好的事情,鲜少有人愿意沉下心来做这样的事。因此,当时我虽有心鼓励,却也没有说太多。2020 年她与我联系,告诉我已完成了译稿并请我审阅,我颇为惊喜,欣然同意并参照原著仔细阅读了她的译稿,又一次体会到翻译工作的难度。田靓博士的译稿保留了叶翁质朴的文风,忠实于原著,文字清丽,易于理解。同时,她也进行了大量的基础研究,以译者注的方式为读者提供相关信息,有助于我们对叶翁的外语教学思想进行更深刻的思考。我相信,我的这些感受读者们在阅读时也会体会到。我也相信,每位读者都会从这本译著中找到自己感兴趣的、能产生共鸣的内容。

　　最后,我想说,也许有人认为翻译是一种背叛,而我更愿意把翻译看作是赋予作品新生命的再次创造。是为序。

白建华

2021 年 10 月 8 日

美国俄亥俄州弗农山

目　　录

前　言 ……………………………………………………… Ⅶ

第一章　外语教学改革的背景与教学目的…………………… 1

第二章　外语教学的原则和方法…………………………… 9

第三章　选择阅读材料的原则和方法 ……………………… 21

第四章　翻译能力不是外语教学的培养目标 ……………… 36

第五章　外语教学的新方法 ………………………………… 49

第六章　翻译是考查学生是否理解的一种手段 …………… 71

第七章　练习和有意义的练习 ……………………………… 84

第八章　语法教学方法（一）……………………………… 96

第九章　语法教学方法（二）……………………………… 110

第十章　语音教学的原则和方法…………………………… 125

第十一章　高年级学生全面提升外语听说读写能力的必要性

　　　　　以及实施新方法的四个瓶颈…………………… 154

参考文献 …………………………………………………… 164

译后记 ……………………………………………………… 165

前　言

　　在我决心应英美朋友的要求，把我的《语言学习》（*Sprog-undervising*）一书翻译成英文时，我发现很难对原书内容进行取舍。在我看来，我所写的许多方法大概只适用于丹麦的学校和丹麦语的教学，由于我个人作为英语教师的实践经验和从事英语教科书编写的经验太少，我不是每次都很确定该不该保留这一句或那一句评论。

　　然而，我已经尽我所能做出了取舍，如果我的一些批评并不完全适用于英语教学，我恳请你们能够原谅，如果我们要实施彻底有效的现代语言教学，现在真正重要的不是摧毁糟糕的旧方法，而是积极地遵循新方法的指引。

奥托·叶斯柏森

哥本哈根附近，

根措夫特自治市

第一章　外语教学改革的背景与教学目的

　　大约二十年前,当我开始对现代语言教学改革产生兴趣时,并不像现在这样,有大量专著和文章在讨论这个问题,那时在这方面只有一些零散的讨论,尤其是在斯威特(Sweet)和斯托姆(Storm)的著作中。

　　然而,没过多久,这项改革就顺利开展起来了,尤其是在德国。在斯堪的纳维亚(Scandinavia),教学改革始自我对弗利克斯·弗兰克(Felix Franke)的绝佳小册子——《基于心理和生理的实践性语言学习》(*Die praktische Spracherlernung auf grund der Psychologie und der Physiologie der Sprache*)的改编。几乎在同一时间,挪威的韦斯滕(Western)和瑞典的伦德尔(Lundell)也提出了类似的想法。1886 年在斯德哥尔摩(Stockholm)的语言学大会上,我们三个人为现代语言教学的改革展开了行动。我们创办了一个协会,自然,我们给它起名为"Quousque tandem"(为了使不懂拉丁语的人能够理解,或可翻译为:难道我们不能尽快结束这一切吗?),一个西塞罗①式的表达方式。不久之后,维埃托

----

　　① 西塞罗(公元前 106—前 43),古罗马政治家、演说家、哲学家。平生著作甚多,留存至今有演说词 50 余篇,书信 900 封,以及其哲学著作《论神性》《论善与恶的定义》《杜斯库兰的谈话》和政治理论著作《论国家》《论法律》等。其著作被誉为拉丁文学的典范,对后世颇有影响。(引自《文史哲百科辞典》,高清海主编,吉林大学出版社,1988)——译者

学界的学者,尤其是维埃托和保尔·帕西(Paul Passy)。这表明,我们所要做的并不是在理论上占领制高点;这不是某个人一时的心血来潮,而是我们这个时代来自不同渊源的、最好的语言学和教学法思想的总汇,他们发现了彼此,并结成了牢不可破的联盟,以颠覆陈旧的教学套路。以往在我们的中小学和大学中遭到灰姑娘一样待遇的现代语言学,感到自己已经有些年头,想要发声了。因为它们无法容忍那些对古典语言学来说基本上令人满意,但一点儿都不适合现代语言学的各种安排。现代语言学渴望被视为鲜活的存在,那么教它们的方法也应该是灵活而富于适应性的,就像生活是躁动而多变的一样。

现代语言教学的目标是什么？而我们为什么要使用母语？当然是要在跟我们同胞共同生活的社会中最大限度地享受生活,与我们的同胞交流思想、感情和愿望——既了解他们内心的思想、感情和愿望,也向他们表达我们内心的思想、感情和愿望。语言本身不是目的,不像火车轨道那样有明确的目的地;它是心与心的联结手段,是一种沟通方式。它甚至不是唯一的沟通方式;面部表情、身体动作等也是沟通的常见方式,的确,有时甚至一记耳光都可以让我知道某个朋友心里正在想什么。但语言是最完整、最丰富、最好的交流方式。在许多情况下,它弥合了人与人之间的心理鸿沟,使人们不至于孤立无援地四处徘徊,与所有富有智慧的同理心切断联系。

那么,学习外语的目的一定是在我们无法用母语交流的地方找到一种沟通方式,因为可能有这样一些人,因为这样或那样的原因,我很想与他们交流想法,或者至少希望了解他们的想法。我们应该优先学习哪些语言呢？这里已经有了答案。试想一下,能用当地语言跟斐济岛上的居民进行交谈,与能跟法国人或德国人自由地交谈之间,哪个更有优势?如果我们渴望或希望从某种语言中获得的只是接受思想、熟悉外国作家的作品,而我们自身并不指望或者期望能够用这种语言传达我们自己的思想,那么,借助于翻译是不是比直接学习这门语言效果好,尤其是对那些已经死亡的语言来说,这始终是一个值得探讨的问题。可以肯定,译文绝不是原文的完美替代物,但是另一个方面,我们只有精通一门外语,才有能力阅读原文并且从原文中收获比译文更多的信息内容。那么,如何在投入(为学习语言付出的劳动)和产出(从作家的作品那里获得额外的好处)之间取得平衡呢?回答这个问题当然要视具体情况而定,而且还有很多因素需要考虑;但是,如果人们阅读的是托尔斯泰(Tolstoi)或奥马尔·海亚姆(Omar Khayyam)作品的英文译本,那么他们不会有任何损失。

也许有人会提出反对意见,认为学习外语还有其他原因。比如,一个比较语言学专业的学生为了学语言本身而学语言,他并不在意那些外语是否可以作为他学习以前不懂的知识的手段,或者他可以通过其他方法更便捷地学习这些外语;他可能经常会对那些根本没有文学作品的语言感兴趣,或者对那些他从没接触过的人们所说的语言非常感兴趣。但是,这种学习可能与对其他沟通手段(如机车建设、铁路信号服务等)的学习相类似,只不过可能更为有趣,显然是一种特殊的学习,与人们通常学习语言的原因并无关联。虽然对每一位受过教育的人来说,了解一些有关语言发展的情况无疑是大有裨益的,但我认为,在下面的篇幅中,仅在需要时提及相关的语言理论就已经足够了,因为语言理论研究从来都不是学校外语教学的目标。

我们在学校教授学生拉丁语和希腊语并不是为了培养学生的逻辑性，尽管偶尔有人坚持认为这正是它们真正的价值所在。但是我们没有必要在这方面浪费太多笔墨，尤其是当所有有能力教授古典语言学的学者们——还有那些坚持认为古典语言应在学校里享有优先地位的人们——他们早已放弃了拉丁语（或希腊语）在结构上比英文或者法文更具有逻辑性这样无知的想法。罗伯特·勃朗宁（Robert Browning）所说的毫无疑问很有道理："教人希腊语，自己先学起，别无好方法；学不先于教，自然行不通。"①

但另一方面，我们也不能忽视，凡是有合理的学习目标并按照恰当的方法学习的东西，其本身往往能很快形成宝贵的能力，特别是语言教学，除了通过外语阅读的内容产生实际的教学效果外，还是培养以下重要能力的极好的手段。比如：

（正确且独立地）观察的能力；

甄别不同观点的能力；

对材料进行归纳的能力；

得出结论并举一反三的能力；

当然，上述所有这些能力都是相关联的——还要包括：

一般性阅读、有效地阅读，以及反思的能力。

我们在构建教学法的过程中，尤其是如果要将这些方法用于学校教育，就必须把上述内容考虑在内。任何语言教学如果仅仅

①　出自他所翻译的埃斯库罗斯 Æschylus 的《阿伽门农》（*Agamemnon*）一书的前言。

是让学生鹦鹉学舌般地重复教师或者书本上的话，假如这种方法确实可行，在我们的学校也是不会有一席之地的。而且，据我所知，也没有教师尝试在课堂上使用这种纯粹是鹦鹉学舌式的教学法。

教师必须让学生们对所学科目感兴趣。学生们则要对付出劳动将给他们带来什么回报有清晰的认识，这样他们才会觉得努力是值得的。学生们应该体会到，学外语给了他们一把钥匙，而这把钥匙将会为他们打开许多宝藏之门；同时，他们得明白，通过所学语言接触到的文学宝库中包含了大量的作品，这些作品也能为他们提供很多信息。在学习某一门外语的过程中，学生们应该尽可能地对有关地区和那里的人们产生兴趣，那样他们就会努力扩展他们在这方面的知识。这样，就能为他们的一生奠定良好的基础。谚语"Non scholæsed vitæ"（不为学术，只为生活）不应像很多人（特别是家长）所解读的那样：学习不是为了学校，而是为了通过一场重要的考试，使你的人生一帆风顺，借此取得一个好职位。学校应该尽可能帮助学生实现他们的人生目标，但教师们不应该只考虑考试要求而忽视或妨碍其他有益于学生发展的要素。后面，我还会提及考试的问题；这里我只想提醒教师们：在考试来烦他们之前，不要去碰考试。① 在后面的一些章节中我提出的许多建议，我多次听教师们说它们很不错，但是因为他们必须为学生准备考试，因此对这些方法有畏难情绪。对此问题的回答是，用正确的方法教学，就会把生命力和爱融入其中；如果你从一开始就不完全依照考试要求去教学生，那么当考试来临时，你的学生所知道的东西会比考试要求他们掌握的还要多。当学生们不断体会到所学的都是

---

① 作者的意思是，考试会成为教师的负担，教师不要自己主动引入考试。——译者

有用的、有价值的东西,并且体会到这些内容并不比他们已经知道的或者开始有点概念的现实生活高深太多时,他们才收获最大。

我们学习语言(不管是母语还是其他语言),然后才能直接而敏锐地了解他人的思想,如果可能的话,也为自己提供一个让他人分享我们思想的途径;如果我们考虑那些更可能通过外语而不是母语所实现的交流,外语教学的最高目标大概可以说是为了获取其他民族最优秀的思想、制度、文化和文学,简而言之,最广泛意义上的民族精神。但同时我们也应牢记,我们不可能一蹴而就,并且还有其他东西一样值得我们去吸取。我们学习母语不只是为了阅读莎士比亚(Shakespeare)和勃朗宁(Browning)的作品,也不是为了要给鞋匠说明要求或能给洗衣女工填写账单。外语学习也是如此,我们不应该只在上空翱翔,也不应该只在地面匍匐,在最高目标和最低需求之间还有许多不同层次的领域,在这些领域,我们与其他民族的人进行直接的交流可能才是最有价值的。

第二章　外语教学的原则和方法

　　对于应该采用什么样的教学方法,我们可能已经从上文所说的内容中得出了一些结论。我们应该通过适当的交流来学习语言;在用新语言交流思想时,这些想法必须具有某种内在的联系(并且尽可能从第一天开始就如此)。互不相关的词语就如同石头之于面包一样风马牛不相及;一个人不可能只靠一串词语就说出有意义的话来。事实上,也不应使用语义上没有联系的句子,在任何情况下,都不应该像大多数按旧的教学法编写的课本那样,不加限制地使用这些句子。因为这些句子之间,通常就像报纸上置于同行但不同专栏的内容一样没什么联系。这里,我将从一本常用的法语读本中随便找出几例:"My aunt is my mother's friend. My dear friend, you are speaking too rapidly. That is a good book. We are too old. This gentleman is quite sad. The boy has drowned many dogs. "(我阿姨是我妈妈的朋友。我亲爱的朋友,你说得太快了。那是一本好书。我们太老了。这位先生非常伤心。那个男孩淹死了很多狗。)当人们说语言教学应该是一种脑力体操时,我不知道是不是包括这种大脑中突然由一个想法跳到另一个想法的情况。

　　在另外一本法语教科书里,我们还发现了这样一些句子:"Nous sommes à Paris,vous êtes à Londres. Louise et Amélie,où êtes-vous? Nous avons trouvé la lettre sur la table. Avez-vous pris le livre? Avons-nous été à Berlin? Amélie,vous êtes triste. Louis,avez-vous vu Philippe? Sommes-nous à Londres?"（我们在巴黎,你们/您在伦敦。路易斯（女）和艾米丽,你们在哪儿? 我们在桌子上找到了那封信。你们拿到那本书了吗? 我们去过柏林吗? 艾米丽,您很伤心。路易斯（男）,您看到菲利普了吗? 我们在伦敦吗?）。

　　说话人所在的方位似乎有些奇怪。首先,他们说自己在巴黎,可是他们的谈话对象却在伦敦。（也许是通过电话交谈?）其次,他们也不记得自己是否去过柏林。最后,他们还问自己是不是在伦敦。不幸的是,他们没有得到回答,因为下一句是:"Pierre,vous avez pris la canne."（皮埃尔,您拿了拐杖。）。

　　再来分析供丹麦人学习英语的教科书。这些书也好不到哪儿去。在 1889 年出版的一本教科书中我们发现了这样的内容:"The joiner has made this chair. What a fine sunshine!For whom do you make this bed?Which of you will have this box?I should like to have it. Of whom have you got this cake? I am very fond of cakes. I have borrowed a great deal of books from a public library."（木匠做了这把椅子。多好的阳光啊! 你在给谁铺床? 谁要这个盒子? 我想要。你从谁那里得到了这块蛋糕? 我非常喜欢吃蛋糕。我从公共图书馆借了很多书。）。

　　从 1893 年出版的一本标有"实用"字样的初级英语教材（第二版）中,我还找到了下面这些例子:"Are the king's horses very old? No;but the duke's carriage is old. Is it older than your friend's?...Has the nobleman told you the news? No,sir;but the lady has told me the news about the business and the wedding. Why do you not give the negro a house? No, sir; but I can tell you that the German has given each of the negroes a pretty little house. Has the lady a knife? Yes, the lady has two knives. Why do you not give the ladies the German's keys to the church? The nobleman have the German's keys. "（国王的那些马很老吗？ 不；可是公爵的马车很旧。比你朋友的马车还旧吗？ 那位贵族告诉你这个消息了吗？ 没有，先生；但是这位女士告诉了我关于生意和婚礼的消息。你为什么不给这个黑人一所房子？ 我没给，先生；但是我可以告诉你，这个德国人已经给了每个黑人一所很小的房子。这位女士有刀吗？ 有，她有两把刀。你为什么不给女士们德国人的教堂钥匙？ 这位贵族拿着德国人的钥匙。）

我可以举出很多这样的例子。我选的例子甚至还不是最糟糕的那一类，因为每个句子本身还是有某种意义的。然而，对于某本德语读本中的"Wo seid ihr?"（你们在哪儿？）这样的问题，回答是"Wir sind nicht hier!"（我们不在这里！）我们应该说什么呢？ 在用过去完成时态时，该书的编者似乎也有着丰富的想象力。看到"Your book had not been large. Had you been sensible? Your horse had been old. "（你的书那时不大。你那时通情达理吗？ 你的马那时已经老了。）这几个句子，我们心里不免发出疑问，这匹神奇的马从过去的哪一刻起停止变老的？[①]但是书中没有提供实质

---

① 在英语中，过去完成时所表示的是过去某一时间之前动作已经发生或完成，动作发生的时间是"过去的过去"。因此，作者在这里质疑"Your horse had been old"是否适合用过去完成时。事实上，马变老是一个持续状态，一天也不会停止，因此，作者认为这个句子其实不适合用过去完成时来表达。——译者

性的信息,而是以 *Dein Pferd war alt gewesen*[①](你的马已经老了)这样的斯芬克斯式(Sphinx)[②]谜一样的评语戛然而止。这类读本难道就是丹麦作家索伦·克尔凯郭尔(Sören Kierkegaard)暗指的那种能证明人类被赋予语言并非如塔列朗(Talleyrand)所断言的那样是为了掩盖思想,而是为了掩盖了人类没有思想这一事实的那一类书?

现在必须立刻承认,即使是这种只收一个个孤立的句子而不考虑句子间语义联系的教科书,它们之间也可能存在很大的不同。其中一些教科书的编写者似乎从未想到,以教语法为借口而教给孩子们的那些无用的句子,其数量可能是有限的。还有一些编写者则试图给出既合理又符合儿童天性的句子。后者的选材,相较于那些选材要么是道德行为准则,要么是深奥的哲学道理,抑或是希腊英雄故事片断的年代,已经有了稳步的发展。但是,即便在最好的现代语言教材中,练习也常常不可思议地互不关联,比如,某一本不错的教材中出现这样的练习:"My brother had not many lessons yesterday. Where had you been? The weather had been fine for a long time. This boy had only been in our house three or four weeks. Has your uncle had many tulips this year? How long had you had this frock?"(我哥哥昨天没上很多课。你去哪儿了?很长一段时间天气一直很好。这个男孩在我们家只住了三四个星期。你舅舅今年种了很多郁金香吗? 这条连衣裙你穿了多久

---

① 德语的过去完成时。——译者
② 斯芬克斯,希腊神话中的带翼狮身女怪。传说她常叫过路人猜谜,猜不出来便将其杀害。后因谜底被俄狄浦斯道破而自杀。今常用以隐喻"谜"样的人物。(《辞海》第七版,上海辞书出版社,2019)——译者

了?),尽管这些练习并不像其他一些教材中的那样明显地荒唐可笑,但是彼此之间全无联系也够糟糕的了。

不管怎样,在所有此类教材中很容易就能找到可供逗乐儿的素材。那么,我们不妨问一下,为什么这样的教学体系能够一直长久地占据主导地位? 当然,它的维护者们可能会指出:编写出在意义上有关联的阅读练习比较困难;因为即使是最简单的故事,也会包含各种各样的语法形式和大量的词语,如果一股脑儿地将这些内容抛给初学者,那么他们不仅会难以承受,而且也会感到困惑。教材的难度必须是循序渐进的,也就是说,教学内容的编排必须是由易到难分阶段进行,而这只能通过使用没有关联的句子才能做到。这一原则是合理的,但如果只遵循此原则,却不顾其他同样合理的教学原则,就不合适了。在培养学生的语言能力方面,教学法难道不也应该要求给孩子们安排一些有意义的内容吗? 但是,正如我们所见,要言之有物并不总是那么容易。此外,引起学生的兴趣不也是非常重要的吗? 只要愿意学,什么都不在话下。比起毫无意义的材料,那些与快乐回忆相关的内容更能在记忆中留下深刻的印象。但是,不是拿走英国人帽子的法国人,就是拿走法国人手杖的英国人;不是玛丽看见路易斯的狗,就是彼得看见汉瑞的马。这样的练习只能让人生厌,尽管它们在所有格的使用方面给学生提供了循序渐进的练习。成年人自然能够忍受一定程度的无聊,假如他们感到能从中获益的话;但在内心深处,他们会觉得无聊的事物令人疲倦,他们也确实会感到疲惫不堪,甚至,连语感都消失了。当然,如果有一位能让他们敬重和爱戴的老师,儿童也能容忍许多无聊的学习内容。仅仅是为了取得好成绩,或是受其他不当教学手段的刺激时,他们也能忍受很多事情。不过,最好还是别让他们感到厌烦吧。

我认为,正确的教学也是非常重要的。但在这里,我们恰恰看到了学习那些毫无关联的句子所带来的恶果之一:这些句子非常容易变得生硬,事实上也很容易出错。在我们前面所引用的那些练习中也可以找出一些类似的例子,其中的句子"For whom do you make this bed?"(你要为谁铺床?)无论如何都算不上地道的英文;而"a great deal of books"(许多书)则是"a great many books"(许多书)的错误表达①。

比起仅仅为了说明语法规则而用学生所不熟知的单词生造八个意思不连贯的句子,用外语写一篇意思连贯、本人感兴趣的主题的长文则要容易得多。在我看来,下面的这些句子即使不是绝对不正确,但也是不可能出现的,任何人都能看出其中的相似之处②:"Tie. Do not tie."(系上。别系。)"Fetch. Do not fetch."(去取。别去取。)"Give. Do not give."(给。别给。)……从表达的意思来看,这些句子要么没说完,要么只说了一半。从语言本身来看,这些句子也很成问题。比如"Do I take?"(我拿吗?)这样的问句,就需要有"什么"(what)和"何时"(when)这样的必要信息才能成立。这样残缺必要信息的句子在现实生活中是永远听不到的。

最终,这种句子使学生对语言的整体概念以及不同语言之间的关系产生了相当错误的认识。学生会很容易产生这样的印象:语言就是一些毫无关联的、彼此独立的单词的集合;他学到的每一

---

①　a great deal of(很多)通常用来修饰不可数名词,而 a great many of(很多)通常用来修饰可数名词。对可数名词的复数 books(书),一般用后者。——译者

②　这里是命令祈使句及其否定式。——译者

个外语单词一定会在母语里找到对应的说法。然后,这些词语便可以依据某种给定的规则,毫无目的地被堆砌在一起,有点像几年前流行的字谜游戏。斯威特把这种语言错误称为"算术误导"。因为语言在这里只是被当作某些单位的集合,加数和因数的前后顺序显得无关紧要。语言中符合表达习惯的一切都会被放在一边,至少到现在也没人去考虑这样一个事实:最常用的表达往往是那些貌似不合理的形式,而这些形式无法只依赖词汇和语法规则构成,比如:"what's the matter? I couldn't help laughing. Serve you right. Ça va sans dire. ① Ça y est. ② Voilà qui est drôle. ③ Wie spät haben Sie?④ Wer ist jetzt an der Reihe?⑤ Sie sind dran. Was ist denn los?"(出什么问题了? 我禁不住发笑。活该。不言而喻。好的,可以,好了。这太可笑了。几点了? 现在轮到谁了? 轮到他们了。怎么了?)⑥。英国人在某种语境下会说"ring the bell"(打铃儿),而法国人则用一种简短说法来表达"sonnez"⑦(拉一下铃儿),等等。当学生们不能尽快地掌握这一类表达,多年来只是像做数学题那样不断翻译词群,一直训练到他熟练掌握各种语法规则为止,那么结果就是,当他可以自己发挥时,他就会把碰巧想到

---

① 大意是,不用多说什么,大家都明白。——译者
② 非常口语化的说法。——译者
③ 这种说法现在不常用,一般用于讽刺的语境,大意是,现在你知道谁可笑了吧! ——译者
④ 德语,英语逐词对译为:how late is it? ——译者
⑤ 德语,英语逐词对译为:who is now the turn? ——译者
⑥ denn 为小品词,表示一种好奇、疑问的语气。——译者
⑦ 法语的命令式。——译者

的英语短语中的每一个单词逐字翻译成他想要说的那种语言。①
我们听到的诸如"Ich konnte nicht helfen zu lachen."②（我忍不住
笑了。）这一类令人费解而可笑的句子，就是这样形成的。

语法确实会起非常重要的作用。一份具有代表性的教师报告
说："经过一学年我们才学到三级动词。"每个句子存在的理由在于
它具有练习语法的价值，以至于在阅读教科书时，学生常常会形成
这样一种印象：法国人一定非常刻板，他们在某一天只用将来时，
而另一天只用过去时，他们会说一些毫无关联的句子，只是为了在
谈话中可以用到不同时态以及所有人称和动词变化形式，而且他
们还会谨慎地直到下一学年才使用虚拟语气。

不幸的是，目前虽然整个教学体系是为了语法操练而准备的，
但是这些过于系统的练习并不能达到这个目的。学生们知道在相
应的练习中要练什么，他们也能照葫芦画瓢地运用，但并不知道如
何举一反三，所以，如果他们突然间不得不在完成时的练习中使用
将来时，那么将来时常会具有与完成时的形式相同的可疑形式；当
学生们在练习动词第四变位的词尾变化时，恰巧出现了一个属于
第三变位形式的词语，在正确地对其进行词形变化时很难不去回
想第四级的词尾变化。我曾经读过一篇由一位德国小学校长撰写
的教学文章，我认为，正是他解释了在拉丁语的练习中存在如此多

---

① 在哥本哈根的指示牌上就出现了下面这个有趣的有算术谬误的例子：
Stövle—og skomager，Boot—and shoemaker，Botte—et cordonnier。

上面分别是丹麦语、英语、法语中"靴子—鞋匠"对应的翻译，但是意思不完全一致。
作者在这里想说明，这样的对译是生硬的，有些甚至是不存在的。比如，鞋匠在英语中就
是"shoemaker"，而不需要加上 boot 这个词语，但是在法语中却是必须的。——译者

② 英语逐词对译为：I could not help to laugh。作者之所以认为"令人费解"，是因为
在德语的句子表达中，"help"的基本意义与整个句子表达的意思毫无联系。——译者

的不尽如人意的偏误的原因,那就是,学生们常常需要在同一个句子里运用不同的句法规则;如果每个句子只包含一个语法现象,我们很快就会发现学生们是多么聪明。的确,要是生活也能够如此安排:一次只出现一个难点,那该有多好啊!

如前文所述,我们对于符合语言习惯的表达关注得太少,非母语者造出的那些句子,即便很难从中找出绝对的"硬伤",母语者也从不那么说。对(法语或者德语的)母语者而言,我们教科书里的很多法语和德语句子也同样不那么自然,就像那些在海外出版的初级英语读物中也有一些英语母语者从来不说的句子一样。

与语言的习惯用法和习惯表达密切相关的是它的语体特征,我们的教材在这方面也是问题百出。在初级读本最开始的内容中,那些属于庄重语体或专门用在诗歌体裁中的词语,与日常生活所用词语不加区别地混在一起,却没有提示学生不要使用这些词语。一位想学英语的外国人首先应该学会像"grief"(悲伤)、"sorrow"(悲伤)这样的词,但是他最好别过早地去学"woe"(悲伤)这样的词,否则他很可能会造出类似"it was a great woe to me."(我很悲伤。)这样可笑的句子。"unwilling"(勉强的)比"loth"(勉强的)常用,"wash"(洗)比"lave"(洗,沐浴)常用,"lonely"(孤独的)或者"forsaken"(孤独的)比"forlorn"(孤独的)常用,等等。但在利斯托夫(Listov)为初学者编写的英语读本最前面的一页中,我们发现了"I bid him go"(我吩咐他去)(意思是I told him to go,I asked him to go 或者 I ordered...)这个句子,既过时,又生硬,也过于书面化,而在同一本书里,"foe"(敌人,仇敌)比"enemy"(敌人,仇敌)这个必不可少的通用词语更常用。在几本英语初级教科书中,从头至尾都用不自然的"commence"(开

始），而不用更自然的"begin"（开始）；同样地，用不太常用的
"purchase"（购买），而不用常用的"buy"（购买）——我能想到的唯
一原因是，那些普通的、必不可少的词语其变格和屈折变化形式是
不规则的。

初学者只会使用那些最常用的词语；他应该不会用到诗歌乃
至更典雅的散文中使用的词汇。任何事物一旦超出需要，就会变
得有害，因为这不仅会带来记忆负担，还会妨碍对最必需的词汇的
完全掌握。并且，由于学生在语言学习的最初阶段就将文学表达
和普通散文、日常会话中的用语混在一起学习，等他达到可以读懂
优秀作家作品的水平时，他就不可能真正理解诗歌与典雅散文语
言的表现力。但即使是那些不属于文学语言的词语，其中也有很
多可以毫无顾忌地放在后期学习，这样就可以为那些最必需的词
语腾出空间。对这些词语的学习，初学者要能达到毫不犹豫就能
运用自如的水平。比如，在戈尔德施密特（Goldschmidt）小姐的图
画教学法（这种方法在她的祖国丹麦以外的很多地方很流行，而且
享有盛誉）中，我发现至少有 58 个单词多少跟女士服饰有关。在
这本书中，我还发现在"cuisine"（烹饪、厨房）这一标题下有 46 个
单词，其中有"bouilloire tamis（水壶滤筛）、passoire（漏勺）、pelle
à main（锅铲）、puisoire（勺子）、lavette（洗碗布）、canelle（桂皮）、
évier（水槽）、coquetier（蛋盅）、écumoire（撇沫器）、entonnoir（漏
斗）、pilon（杵）、râtelier（餐具架）、râpe（礤床儿）、billot（砧板）、
manne（双耳柳条筐）"。我不禁为没有人来折磨我、让我学习这些
单词而感到庆幸。在巴黎和其他一些说法语的地区，我似乎都能
顺畅地用法语跟他人交流，就像我虽不懂得所有的专业术语，但一
样能看懂许多法语书一样。但是，另一方面，我深刻地认识到，如

果我的词汇量只局限于戈尔德施密特小姐的图画书,我就不能很好地用法语进行交流,也不能很好地阅读法语书。

　　在语法学习中通常也会学到很多没用的词语。有极少数的词语,比如"louse"(虱子),即使是法语或英语学得最差的小学生都能熟练掌握,原因在于"pou"(虱子)和"louse"(虱子)的复数形式正好都是不规则的[①]。词语的复数形式一旦与一般变化规则不同,学生们就必须为了所谓的完备性来学习。因此我们不得不在学校里学习以下这些烦冗的词形:"amussis、ravis、sitis、tussis、vis",通常还有"febris、pelvis、puppis、restis、turris、securis"[②],而在这种情况下,知道"vis、vim"(可能还有"sitis、sitim")也许就足够了;还有一些其他的词语(对应的英文是 ruler、hoarseness、rope),我相信它们从未在我们阅读的拉丁语文学作品中出现过。这就是无论我们是不是要在补充练习中使用这些词,是不是要让其宾格以"-em"结尾,对上面那些词语而言,结果都不会有什么差别的原因。接下来,我们可以很自豪地一口气举出不少烦琐的变形,比如"amnis、axis"等,毫无疑问,这些不规则变形让我们花费了很长时间才搞清楚。还有一些词语,至少如"scrobis、sentis、torris、vectis"这几个词,对我们来说完全用不上;除了以下情况:在某个千载难逢的情况下遇到了它们中的某个词,我们很清楚地记得它是依据哪条规则进行变化的,但对它为什么出现在这里,以及在这里是什么意思,却很容易忘记。不过,这也没有多大区别,因为它出现的概率太小了,能否记住它是不是阳性对理解阅读材料毫无影响。(这里再补充一点,或许可以稍感欣慰:有些阳性的

---

①　法语 *pou*(虱子)和英语 *louse*(虱子)的复数形式分别为 *poux* 和 *lice*。——译者
②　以上均为拉丁语。——译者

词语其实也可以做阴性使用,古罗马人在使用词语时并不像拉丁语教师那样刻板)。斯威特就曾写道:"在德语语法中,以-*ung* 结尾的名词都是阴性,但我开始学的 *Hornung*(二月)这个词却是一个例外。若干年后,这或许是我除了 *petschaft*'印章'(seal)以外记得最牢的德语单词,*petschaft*(印章)这个词也是我在记 *Hornung* 的同一时期用同一种方法记住的。但是,直到现在,我在任何一本现代德语书中都没见过这两个词,也没有在会话中听到过它们,除了在一些德语的方言中使用以外,*Hornung*(二月)一词已经完全过时了。在我开始编写《中高级语法》时,我在瓦尔特·冯·德尔·福格尔魏德(Walther von der Vogelweide)的一首诗中终于遇到了这个词,不过在那之前,我已经完全不记得曾学过它。"[①]

在大多数为外国人编写的英语语法书中,*caiman*(凯门鳄)这个单词非常重要,让很多学生终生难忘,这只是因为它的复数形式不是 *caimen*[②];类似地,学生们反复地被告知,*die* 在表示"铸币时用的钢模"义时,其复数形式是 *dies*,但现在其实已经很少遇到 *die* 的这个用法了。下文中还会提到斯托姆对 *travail*(工作)这个词语的评述。

幸运的是,许多这类词语已经从后来出版的教材中删去了,但毫无疑问,仍有剔除不适当用词的工作要做。

① 斯威特的《实用语言研究》(*Practical Study of Languages*,Sweet,p. 110.)。
② caiman 的复数是 caimans。——译者

第三章　选择阅读材料的原则和方法

在前面所做的负面评价的基础上,我们或许可以对作为外语教学基础的阅读材料提出以下明确要求,即这些材料应该尽可能符合如下要求:

(1) 语义连贯,合乎情理;

(2) 生动有趣,富于变化;

(3) 首选基本,突出常用;

(4) 语言地道,确保无误;

(5) 由易到难,循序渐进;

(6) 淡化语法,合理编排。

上面几点要求并非按照其重要性或者价值排序,实际上也很难确定哪一点更为重要。如果对它们的重要性的排序有不同意见,我想最好能尝试找到一些切实可行的折中方案。现在我们必须深入地讨论一下这些要求。

在初级语言教学中采用内容上有内在联系的课文以前已经尝试过了,然而我们在努力避免使用孤立的单句进行教学的同时,似乎不可能避开夏多布里昂(Chateaubriand)的《亚特兰蒂斯》(*Atala*)、狄更斯(Dickens)的《圣诞欢歌》(*Christmas Carol*)(图森

特–朗根沙伊特教学法^①）、《新约》（the New Testament），或者恺
撒（Cæsar）的《高卢战争》（*Gallic War*），等等。有多少次，在这样
的尝试之后，当学生们因为想一次性学会所有内容结果反而不堪
重负，什么也没学到的时候，教师没有绝望地回过头去使用那些彼
此孤立的句子？

　　但是，在这两个极端之间，毫无疑问有一条中间道路，那就是
从非常短小的语义上有关联的段落开始，然后，每次课多讲一点，
逐渐过渡到更长的课文。当然，这并不意味着在一堂课之内要教
完整段内容；教学单元不需要与课本单元相对应。

　　趣闻轶事类的材料符合要求，因为它们篇幅短小，语义连贯，
因此在很多读本中发挥了重要的作用。然而这些内容也并不那么
合适，尤其是当它们被大量使用时。一篇辛辣的趣闻轶事只有在
第一次读时才会真正觉得有趣；它很快就会变得索然无味，实际上
比其他大多数故事更令人感到厌烦。正是这种引人发笑的特质使
它在教学中并不那么有价值；也就是说，趣闻轶事就其本质来说必
须包含尽可能少的词语；但是对于初学者来说，最好是把词汇的范
围再扩大一些，这样，那些最基本的词和短语就能反复地出现。如
果大量的趣闻轶事一个接一个地出现，要想避免在完全不同的思
维领域及其相应的迥异的词汇世界频繁跳跃殊为不易；这不仅增
加了教学难度，而且结果往往是词语和表达一学就忘。如果不是

---

　　① 图森特–朗根沙伊特教学法（Méthode Toussaint-Langenscheidt）是 19 世纪中
叶发展起来的一种自学外语的方法。该方法以其创始人查尔斯·图森特（Charles
Toussaint，1813－1877）和古斯塔夫·朗根沙伊特（Gustav·Langen-scheidt，1832－
1895）的名字命名。这种教学法以学习信件和书籍的形式进行语言教学。到 20 世纪
中期，在约一百年的时间里，该方法得到切实的传播，因此在欧洲的外语教学方法史上
占有一席之地。在现代外语教学中，它不再有重要的作用。——译者

非常熟悉彼此相似的一组词语,根本无法欣赏建立在双关语基础上的趣闻故事,而只有在极少数情况下我们的学生才能做到这一点。把趣闻轶事用于语言教学的最好的方法是把它们当成是对其他学习材料,特别是描写性材料的调剂或补充。这样,故事中使用的词语就能出现在自然语境中。这在有关动物的短篇故事中表现得最好;在我为初学者编写的英语教科书中,我从卢伯克爵士(Sir John Lubbock)、罗马尼斯(Romanes)、泰勒(Tylor)等人所写的那些纯科学作品中节选了几篇这样的小故事。我之所以提到这些对我来说特别有吸引力的文本(但是不容易找到,也不容易编造)作为范例,是因为这些文本提供了通常被自然科学教学本身所忽略的寓教于乐的知识信息,同时也提供了一个不用太费力就能学到大量有用的语言材料的机会。那些仅仅是描述大自然的作品,以及斯威特特别重视的作品,具有在更大程度上允许使用最基本的语言材料,以及很多句子可以进行自我阐释的优点。然而,只有相对较少的题材可以用这样的方式处理——比如,最基本的自然现象——如果这些现象不能像斯威特的《英语口语基础课本》(*Elementarbuch des gesprochenen Englisch*)那样用洋洋洒洒的方式来写成,那么作品中传达的很多众所周知的真理就容易令人兴趣索然。

在决定哪些材料可以作为阅读材料时,很大程度上当然必须考虑年龄的差异。不过根据我自己的经验,并且很多教师也已证实,外语初学者可能对某些阅读材料非常感兴趣,即便他们已经超过了对相应的母语阅读内容感兴趣的年龄。因此,不必害怕幼稚点儿的文本;但是我也并不推荐那些在各国都蓬勃发展的儿童文学。那些文学作品是女作家,特别是未婚女作家通常以为孩子们会喜欢的作品,于是她们大量地创作这样的作品,内容无非是好孩子得到奖赏、坏孩子遭受可怕惩罚一类的老套故事或韵文;无论大人还是孩子都厌烦这样的"文学作品",因此在外语教科书中最好避免收录它们。然而,还有一类由民俗学家搜集来的文学作品,它们经过一代代口耳相传,靠不断地引人发笑、令人回味无穷而焕发出持久的生命力。这些内容大部分都适用于外语教学。一本五六岁法国幼童感兴趣的法语读物,十或十一岁甚至更大的英国孩子可能也会读得津津有味,因为用外语阅读会获得一种与探索未知事物有关的快感。

　　许多这样的材料——还有其他一些材料,虽然不属于民间传说,但是跟民间传说有某种联系,是韵文的形式。这对我们的教学来说很有好处,因为诗歌的节奏和韵律会很自然地把词语和表达紧密地嵌合在一起,好让读者可以把它们当成一个不可分割的整体去记忆。而如果想记住散文的句子,那是非常困难的,并且需要一次次地重复;但学习韵文就像是做游戏,不知不觉中就学会了。如果说诗歌作为一种艺术形式,所使用的语言多少有点不自然,并不适合初学者;那么,另一个方面,真正的儿童文学中简短、诙谐的儿歌就是最好的选择。当然,这类作品并非全是精华,它们中有许多由于含有粗鄙的语言、无意义的词语、过时的表达或初学者用不到的词语而不宜选用;比如,在我看来,维埃托和德尔似乎不应该把大量童谣(甚至第三人称中使用-th 的过时表达,等等)照搬进他们的英语读物中,如果不是这样,这套英语读物还是很不错的。

　　至于阅读内容必须简单易懂,或者说必须由易到难、循序渐进,我们必须认识到,难点可能取决于几个不同的方面。

　　首先,题材可能太难了;题材永远不该超过学生的知识面。如前所述,在最开始的阶段,教师甚至可以选用一些对学生的年龄来说更简单的内容作为语言教学材料。不过,另一方面,这之后所选的话题就不宜太过轻松,最好能尽早使用那些具有永恒价值的。毫无疑问,大部分阅读材料总是选自通俗易懂的文学作品,并且在对话题的理解上,大部分材料不会有任何真正的困难。不过,除此以外,在现代外语教学中,当然应该阅读得更广泛,多读那些不认真思考就无法理解的内容,比如有关自然科学和最广泛意义上的人际关系的文章,政治演说,等等。除了读最没有价值的小说——其内容提供不了更多的营养,很多教师似乎害怕跟学生一起阅读任何其他文章。我的一位七岁的小朋友曾对他的母亲说:"我最喜欢我不太懂的东西。"他其实表达了跟但丁(Dante)所说的"人只有绷紧神经才可获得快乐"或斯图尔特·米尔(Stuart Mill)所说的"一个从未被要求过做他不能做的事情的学生,也永远不会做他能做的事情"同样的想法。所有的教学活动都必须促使学生去解决不太容易的问题;在语言教学的最初阶段,仅仅是语言上的难点就已经造成很多问题了,之后的阅读内容也应该要求学生有一些独立的理解能力。有时候,选择一些语言上非常容易,但是内容相对重要的材料可能是最好的——特别是在按照改革法思路进行教学时,题材选择比其他任何时候都重要,即使是一篇简单的文章,也可以通过各种方法使它成为训练纯语言技能的有效手段。

　　语言上的易或难还取决于不同的因素。发音上的困难不应该累积起来,为初学者选择材料时要特别谨慎。有些教师一开始就试图教那些与学生母语发音几乎或者完全相同的单词。这种方法夸大了母语和外语发音的相似性,在大多数情况下只会让学生们感到失望,除此之外,这么做很容易在某个可能导致最危险后果的阶段造成学生的懒散马虎。从第一堂课起,学生就应该想象自己身处某个外语环境,并且应该意识到,不付出努力就无法学会外语发音。但是,较难的发音不应该频繁地接连出现,或出现在过难的发音组合中。也许最好从单音节的词语开始,但也不必严格执行。然而,我并不把纯粹是发音上的困难看得如此重要,不会只是因为一本为初学者编写的法语读本中的开篇部分出现了 *manger* 和 *chien*① 这样的难词而建议把这一部分在其他方面都很适用的内容拿掉。毕竟,学生们很快就得熟悉并掌握他们要学习的这门外语的全部发音。我这里所说的发音上的困难是指真正的困难,不是那些很明显是因为特殊拼写所造成的困难;对于一个德国人来说,要发出英语中 *pear*(梨树)和 *pair*(一对)的音同样会让他们头疼;这一类的发音困难跟英语的 *scarce*(缺乏的)、*fatigue*(疲劳的)、*victuals*(食物),法语的 *eut*、*pupille*、*pitié*、*balbutier*② 等一样,可以通过我后面要提到的一个屡试不爽的好方法来解决,那就是音标。

　　另外,语言上的困难还可能是因为使用了过多的生词,在这方面,各个阶段的最佳原则是:尽可能少用生词。每一个读过左拉(Zola)或都德(Daudet)作品(其中充斥了大量的科技术语)的人都会有这样的阅读经验:无论你阅读或钻研得多么细致认真,你很快就会忘记所有的生词,就好像从来没有见过它们一样。同样,如果有人准备开始系统地学习像普勒茨(Plötz)的《分类词表》

---

① *manger*,吃,动词,法语中的 g 发[ʒ];*chien*,狗,名词,法语中的 ch 发[ʃ]。——译者
② 在法语中,eut 为"have"(有)的变位,简单过去式;pupille 意为"瞳孔",名词,pitié 意为"同情",名词,balbutier 意为"含糊不清地说",动词。——译者

(*Vocabulaire Systématique*)那类书中的词汇,就需要花费大量的时间和精力,并且很快就会忘得一干二净。但是,如果在阅读过程中,生词只是偶尔出现,并且隔一会儿才出现一个,大脑就能够在下一个新词出现之前记住这个生词;生词和生词之间的那些段落,里面只有我们所熟悉的东西,可以说是在给土壤施肥,以便为播种新的东西提供养分。把十或十二个生词分散在五页以上的篇幅进行学习,比把它们硬塞进十行以内学要容易得多,学得也更透彻;而且,一些常用词语、句子结构等重复出现是有好处的。这样,跟只读了不超过十行东西的学生相比,读了五页内容的学生就会有更多的机会去熟悉外语的特点;阅读较长的文章看上去浪费了时间,实际上受益匪浅。因为学生在语言学习上获得的收益已经给他们带来了回报,而且这些回报还会带来更多的回报。

如前所述,既然学五个最必需的词语要比学二十五个不太重要的词语效果更好,教科书的编写者们当然就有义务在教科书重印时对其进行修订,舍弃那些不常用的、奇奇怪怪的内容,从而使那些对学生有语言价值的东西被挖掘出来。如果文本的题材是好的,但语言上不能实现我们的教学目标,编写者们通常可以通过各种方式进行缩减、改写或改编,以使它们在教学上可行;民俗学家收集的许多脍炙人口的神话故事也可以利用,只要有人不嫌麻烦愿意把它们从其书写的方言中翻译过来。像尤因(Ewing)夫人《顽童》(*Jackanapes*)这样精彩的小故事,虽然在德国和瑞典的学校里经常被阅读,但是在我看来,由于它充满了文学性的表达和不必要的词汇,其实不容易被我们年龄较小的学生所理解。因此,在我为自己的初级教科书所选的段落中,有好几处我进行了大幅删减,整个文

风自始至终更口语化,也更为直接,比如,我做了这样的修改①:
having ~~ceased to entertain~~(given up)any hopes of his own
recovery. 停止对自己康复所存有的一丝希望。(放弃了对自己康
复的所有希望。)② | Tony tumbled off ~~during the first revolution~~
(before he had gone round once). Tony 转第一圈时就摔倒了。
(Tony 还没转完一圈就摔倒了。) | And what bright eyes
~~peeped out of his dark forelock as it was blown by the wind~~!
(He had!)风吹开了他额头上的黑发,露出了一双多么明亮的眼
睛啊! (他有一双多么明亮的眼睛啊!) | told him that he must
~~be on his very best behavior~~(behave properly)during the visit.
告诉他参观时务必保持良好的行为举止。(告诉他参观时务必举
止得当。)If it had been ~~feasible~~(possible)to leave off calling
him Jackanapes and to get used to his ~~baptismal~~(real Christian)
name of Theodore before the day after tomorrow ~~it would have
been satisfactory~~(she would have done it). 如果能够在后天之前
不再称他为粗鲁之人,并且习惯了他受洗时的名字西奥多尔,那就
好了。(如果可能在后天之前不再称他为粗鲁之人,并且习惯了他
真正的基督教名西奥多尔,她会这样做的。) | said J.,shaking his
yellow ~~mop~~(hair),and leaning back in his ~~one of the two
Chippendale~~ armchairs ~~in which they sat~~. J 说着,晃动着他那乱
蓬蓬的黄头发,后背靠在他们所坐的两把齐本德尔式椅子中的一

---

①　删除线及其括弧里的内容是作者所做的修改,删除线表示删除,加括弧的外文
是作者增补的文字。——译者

②　括弧里的中文翻译是对作者修改后的文字进行的翻译,可以看出,表达上更加
简洁而直接了。——译者

把上。(J 说着,晃动着他的黄头发,后背靠在椅子上。) | ~~took their~~ ~~early promenade~~ (went out for their walk) earlier than usual 比往常更早地出去漫步(比往常更早地出去散步) | His golden hair flew out, ~~an aureole from which his cheeks shone red and distended~~ ~~with trumpeting.~~ 他金色的头发飘起来,脸颊因为自鸣得意而涨得通红(他金色的头发飘起来)。比较原文和改写后的内容,会发现失去了原文的一些情味,不过我坚信学生会因此而获益。按照改革法的理念,我们越是坚持所选的阅读材料不仅要能读懂,而且要能被掌握,从而使这些材料中的语言表达成为学生的精神财富,那么就越有必要做这样的修改。显然,随着学生的进步,课文的表达可能会变得越来越文学化,并且,由于各种原因,是否还应该对这些内容进行缩减和改编,也越来越值得怀疑。

　　下面是对某个奇闻轶事重新改编的一个范例,我引用了其中一部分,(A)并不应该出现在为初学英语的人编写的书中(但目前却出现在某部为外国人学英语用的读本中);(B)是斯威特的精彩改编:

　　(A) His table, however, is constantly set out with a dozen covers, and served by suitable attendants. Who, then, are his privileged guests? No less than a dozen of favourite dogs, who daily partake of my lord's dinner, seated very gravely in armchairs, each with a napkin round his neck, and a servant behind to attend to his wants. These honourable quadrupeds, as if grateful for such delicate attentions, comport themselves during the repast with a decency which would do more than honor to a party of gentlemen; but if by any chance one of them should, without due consideration, obey his natural instinct, and transgress any of the rules of good manners, his punishment is at hand.（译文：然而，他的餐桌上经常摆放着一打餐巾，并有合适的侍从侍候。那么，谁是他的贵宾呢？十二只以上的惹人喜爱的狗，它们每天参加我的主人的晚宴，一本正经地坐在椅子上，脖子上围着餐巾，侍从们则站在它们身后为它们服务。这些尊贵的四蹄动物，似乎对这种细致入微的殷勤款待心怀感激，就餐时表现得举止得体，甚至一群绅士也不过如此。不过，如果它们中的任何一个遵从天性鲁莽行事，违反了礼仪规范，那么它会立即受到惩罚。）

　　（B）Every day he used to have dinner laid for twelve guests besides himself; but no one was ever invited to the house. Who were the twelve covers laid for then, do you think? For twelve dogs. Each dog had a velvet chair to sit up in, and a napkin round his neck, and a footman behind his chair to wait on him. The older dogs always behaved in the most gentlemanly manner, but it sometimes happened that one of the younger dogs forgot his manners, and snatched a chop or a piece of pudding off the plate of the dog that was sitting next to him.（译文：他过去每天都为除了自己以外的十二位客人准备晚餐；但是，从来没有人被请到这所房子里来做客。那么，你认为这十二张餐巾是为谁准备的呢？十二只狗。每只狗都坐在一张天鹅绒的靠背椅上，脖子上围着餐巾，椅子后面还站着一个仆人侍候着。上了年纪的狗总是能表现得彬彬有礼，但有时候也会有一只小狗忘了用餐的礼仪，从坐在它旁边的狗的盘子里抢走一块排骨或者一块布丁。）

　　最后，语言上的困难还可能是语法上的。这也是用老方法施教的教师们最怕遇到的困难,以至于他们宁可放弃几乎所有意义和主题上的关联,也不愿意打破系统的语法教学安排。比如,在学生们还没有学习 *pouvoir*、*pouvant*、*pu*、*je peux*[①] 等动词的词形变化时,教材中就不允许出现 *pu* 这样的形式;据说,这些形式必须放在一起进行学习。但讽刺的是,这个所谓的"放在一起"意思是排除了其他所有关联——因而收效甚微。当学生被要求去"理解"教材中出现的某种形式时,经过仔细分析就会发现,这仅仅意味着,比如,只有知道 *avoir*[②] 的第三人称单数现在时,或者至少知道 *j'ai*、*tu as* 等的变位规则,才可以理解 *il a*[③];或者,只有知道 *yeux* 是 *œil* 的复数不规则形式,才能理解 *yeux*[④],诸如此类;简言之,这里的"理解"意思是知道所讨论的词形在语法系统中的位置;并且这些词形必须跟它们在语法系统中的先后排序保持一致,比如,现在时在过去时之前出现,等等。但是初学者与这个系统有什么关系呢?这样的观念也无法贯彻始终,因为学完这些词形变化规则之后,学生们在阅读那些具有连贯性的(未经修改的)文本时通常也会忽略这些规则,比如文本中可能出现了 *puisse*[⑤] 这一形式,但是学生们只知道它是一个虚拟语气的形式,因为至少还需要花一年或两年的时间他们才会学习为什么要使用虚拟语气。那么,句法为什么不如词形变化规则重要呢?为了完全一致,在学习相应的语法内容之前,应该不允许出现相关的句法现象,也不允许

[①] 法语,意为"能,能够",*pouvoir* 为原形,*pouvant* 为现在分词,*pu* 为过去分词,*je peux*(我能)是第一人称一般现在时的变位形式。——译者

[②] 法语,*avoir* 是"have"(有)的原形。——译者

[③] 法语,j'ai 意为"我有",tu as 意为"你有",il a 意为"他有"。——译者

[④] 法语,*œil* 意为"眼睛",*yeux* 意为"眼睛",复数。——译者

[⑤] 法语,*puisse* 意为"能",虚拟式。——译者

出现某一种词形变化形式。但是,既然在这样或那样的问题上似乎不可避免地存在不一致,回避矛盾是没有用的;换句话说,在最初的选文中,我们不必担心使用那些不规则形式。

　　从教学法的视角来看,语法上的不规则分为两个完全不同的类型,但它们却很容易被当作相同的类型来看待。首先,所有语言中都包含一些不规则现象,这些不规则现象因为很少出现,无论在日常生活中还是在文学作品中都不会起重要的作用。当语言的使用者偶尔用到它们时,通常也会非常小心,因为他们对这种语法的正确形式也只有一个十分模糊的概念。然而,这些内容却被写进了语法书中,一旦语法学家发现了一个不规则的语法现象,为了语法体系的完整性,它就会被后续的语法书收录进去。非母语的语法学家比母语的语法学者更愿意关注此类语法现象,因为他们对于哪些形式较为罕见、哪些形式较为普遍缺乏敏感度。在欧洲大陆使用的某些英语语法书中,仍能见到把 *I catched*、*I digged*、*I shined*、*I writ* 分别当作 *I catch*、*I dig*、*I shine*、*I write* 的过去时的情况;在某本语法书中,我发现,对于 *I weet*,给出了 *wit* 和 *wot* 两个不同的动词形式,过去时为 *wot*,而 *I wis* 的过去时为 *I wist*。在现代的语法书中还会出现这种过时的且不再使用的形式,这是多么严重的错误啊! 我们可以对自己的母语做出最好的判断——但在我们自己编写的德语或法语的语法书中,也存在跟上述英语语法书中一样糟糕的错误。在我上学时,我学到了以下关于 *travail* 一词的复数形式的规则:“表示‘大臣给国王或者下属向主管官员的报告’义时,*travail* 有复数形式 *travails*[①];同样,表示

---

　　① 这在有关法语的材料中较为少见。——译者

'给马钉马掌时用来拴马的机器'义时,也需要用复数形式。"这条
规则因此遭到了斯托姆的批评,他批评道:"现在我必须指出,我年
轻时读过上百本法语读物,但到目前为止,我从未在现代文学中看
到过 *travails* 这种形式! 至于'报告'的这个意义,它的确在《塞维
涅夫人》(*Mme. de Sévigné*)一书中出现过。一个受过教育的法
国人在被问到这个词是否有上述意义时,他回答说,这个意义已经
不再使用了。因此,人们本以为,这个词语早就不应该出现在现代
语法书中了,但是它似乎时不时就会突然跑出来。"

　　然而,对于第一类不规则形式,我们很容易这样认为:应该尽
可能彻底地将它们从教学中清除出去;尽管必须承认,近年来我们
在这方面已经做了一些工作,但目前大部分教材实际上做得还不
够,应该更彻底地把它们剔除出去。当我们谈到另一种不规则形
式时,就完全是另一回事了。那些不规则形式常出现在最常用的
词语中,比如,德语的 *ist war*、*kann konnte*、*geht ging*、*ich mein*、
*mann männer*①。毫无疑问,学生们必须学会这些不规则形式,并
且要学得透彻。唯一的问题是,在什么阶段学? 在学完一般屈折
变化规则之前学还是之后学? 大多数教师会回答:之后学。一个
系统的语法首先要给出那些常规的、可以用普遍的、全面的规则来
传达的东西,然后再提到例外的、孤立的现象,这当然是可以的。
但是没有必要要求学生以相同的顺序去熟悉这些语法规则。这样
能获得什么呢? 或许对学习语言的理论知识有些好处,但是所造
成的损失无疑会更大。因为我们会发现,如果不使用含有不规则

---

　　①　因为汉语无法体现时态、语态,我们用英语对德语进行对译可能会便于理解:
德语的 *ist* 译为 is,*war* 译为 was;*kann* 译为 can,*konnte* 译为 could;*geht* 译为 go,*ging*
译为 went;*ich* 译为 I,*mein* 译为 my;*mann* 译为 man,*männer* 译为 men。——译者

屈折形式的词语,想要编出基本适用于教学的课本是绝对不可能的。因此,不规则屈折形式的词语必不可少。对要随时处理例外现象而使语法教学不够系统的担心,是导致令人沮丧的一系列没有实际意义的彼此孤立的句子盛行的原因之一。只有我们自己从先规则、后例外的原则中解放出来,我们才能为初学者编写出好的课本。此外,先学规则词形,我们也可能会冒这样的风险:学生们会将一般规则套用于有特殊变化的单词;而不规则词形一般来说跟原形的偏差较大,因此就避免了出现这类错误的可能。那些知道英语名词的复数形式是在词语后加 *s* 的学生,可能会生造出 *mans* 和 *childs* 这样错误的复数形式,但是不规则的复数形式 *men* 和 *children* 则不容易诱使学生对其他词语进行类似的复数变化。当然,这并不是说我们要把通常的教学顺序颠倒过来,先系统地学习不规则词形。在这里,我们必须顺其自然,就好比儿童在听成年人的交谈时,从来不会停下来考虑他们使用的词语是不是符合屈折变化规则一样,我们在选择或编写外语初级阅读材料时,也不必过于谨小慎微;我们应该挑选在其他方面都很理想的材料,并保留它们原本的样子,在此阶段不要过多解释它们在语法体系中的地位。换句话说,这些不规则词形必须要像学习生词一样去学习。如果教材一开篇就出现 *Il y avait une fois un roi et une reine*① 这样的句子,那么只要告诉学生 *Il y avait*② 相当于"there was"就够了;而"*there is*"和"*there has been*"的形式可以在下一次学生用到的时候再学习;然后,教师可以回顾之前学的课文,提醒学生他以前学过的相关形式。对法语的初学者来说,*peux*(can,

---

① 法语,意思是"很久以前有一位国王和一位王后"。——译者
② 法语,*Il y avait* 是未完成过去时。——译者

能)跟 *peu*(little，小的)、*faire*(make，do，干，做)跟 *fer*(iron，烙铁)的难易程度相当，并没有什么差异，只是其中一个是规则形式，另一个是不规则形式而已。其实，对丹麦学生来说，像 *geese*(鹅，复数)这样的不规则复数形式比 *bees*(蜜蜂，复数)这个规则的复数形式更容易(基于 *z* 的发音)；同样，对于英国学生来说，德语中不规则的比较级形式 *besser*(较好的，更好的)和最高级形式 *best*(最好的)比规则形式 *süsser*(更甜的)和最高级形式 *süssest*(最甜的)更容易掌握。到了后期，学生们需要对语法进行更系统的学习时，由于一些"例外"很早就出现过了，他们根本就不会感到奇怪和不寻常了，这是相当有利的。①

　　另一方面，应该让初学者免受复杂句式所引起的语法难点的困扰。所有的句子从一开始就应该尽可能流畅、简单而明确；并列的独立分句，即使不作为唯一的句式，至少也应该作为主要的句式。比如，即使每年用在拉丁语上的课时跟分配给现代语言课程两到三年的课时一样多，在第二学年的拉丁语教学中，也没有理由让学生们去阅读《恺撒》(*Cæsar*)中引述的那些长篇大论式的人物对话，这些内容应该等到学生们达到了相当高的水平，能够轻松理解直接表述的相同话题时再出现。对于任何一个希望根据上述建议对阅读材料进行修改的人来说，这也是必须要牢记的一点。

---

　　① 需要注意的是，我个人完全同意斯威特针对这个问题所持有的所有观点。

第四章　翻译能力不是外语教学的培养目标

　　关于阅读材料的选择就说到这里——现在来谈谈在课堂教学中如何使用这些材料。我对自己上学时大部分语言课上课时的情景还记忆犹新,而且,尽管在很多方面或多或少地已经感受到了教学法的变化,我怀疑那套教学方法还没有完全消失。首先要过一遍"旧课",要尽可能少花时间,因此要求学生能够比较流利地翻译课文,而不用先大声朗读。然后,我们进入"新课"。一个男生站起来,朗读课文中的一小段内容——读得磕磕巴巴、断断续续,时而夹杂着难听的嗯嗯啊啊声,有时,还会被教师的纠正,或者"快点儿!""发音真糟糕呀!""g 在 e 前面应该怎么发音?""好,你跟我一样知道这个。你这个笨蛋!"等一类的话打断。这个男生一有机会就会想:我读的这个词到底是什么意思呀?接着,他开始翻译,其间不停地被教师的纠正或"注意!""动词哪儿去了?""但是它是什么格啊?"等提示或发问打断。此后,教师也许还会提出一些语法方面的问题,他会给出一两个动词的主要部分,解释虚拟语气的用法,等等;这些问题不是用外语提出的,也不要求他用外语回答。下一位男生也以同样的方式被叫起来朗读课文,依此类推,直到把课文全部过一遍;如果还有时间,或许我们还会把课文再复习一遍,但一定是急匆匆的,所以这次我们不会停下来先朗读课文。最后的五六分钟时间用来预习下次课的内容;由教师来翻译课文,学生们看着课本,也许还会努力在课本的空白处或笔记本上记下一些难词的意思。

这种教学最突出的特点就是赶;有很多事情要做,尤其是考试临近时。考试成绩取决于翻译质量,似乎已经成为公认的惯例。为了练习翻译,学生们一遍一遍地复习课文。没有太多的时间用来大声朗读;为什么一个人只要学习了主要的发音规则,就可以通过词语拼写大致推断出任何单词的发音? 德语尤其如此,法语也一样。要我说,多少是因为相信这一点,教师们才会让学生在每次大声朗读课文时把课文翻译三四遍。

在这样的一堂课上,学生能够听到多少外语呢? 教师偶尔会说一个外语单词——比如,当某位学生翻译得不准确时;但是,关注点并不直接针对发音;而且,一般来说,他说的只是一个单词,而这个单词极有可能是在学生用自己的话组织的句子里出现过的。现在,事实是,即使是一个发音非常好的人,当一个法语单词和另一种语言的词语一起出现时,他也无法把握这个法语单词的正确发音。两种语言的发音基础不同,要把一种语言立即切换为另一种语言并不容易。因此,学生从教师那里听到的外语极少。毫无疑问,他从同学们那里听到的外语可能更多一些,但是他们的发音并不标准;而且,他也没有什么兴趣去关注。只要知道其他同学此刻读到哪儿了,他就可以在别人读课文的时候去想一些别的事情。比如,要是他不愿意去想集邮或自行车的话,他可以复习下一篇课文中的难词。最后,在极少数的情况下,可能允许他在班上大声朗读几行内容,但这也只是为了引出翻译这项主要任务。他自己从来也没有机会用外语说一些课本以外的事情,也很少听到别人说课本以外的任何内容。

因此,这种教学法几乎不可能培养出学生对外语的理解力就不足为奇了,因为外语是母语者快速而自然地讲出来的。如果让他听到外语中最简单的日常用语,发音准确、自然,然后只要求他重复一遍,十有八九他会茫然不知所措,但是如果他碰巧在书报上看到比这难得多的文章,他也不会有什么困难。

但这还不是全部,这种教学方法还有其他弊端。大量的外语词汇从学生眼前一闪而过;而他的主要目的是大致认出这些词语,好让这些词语给他提供翻译的线索。有时候,一个记得不是很清楚的单词也能提供翻译整个句子的线索,他记住了这个句子是因为这个句子有一些特别之处。他能把握的只是翻译过来的内容,只要他看到原文句子的开头,整个译文就会出现在他的脑海中——然而,有时候,能做到这一点的前提是它出现在页面的同一位置(比如左上角,等等),这是他习惯看到它的位置。确切地记住外语表达形式的诱因不尽相同。如果你让一个按常规教学方法教出来的聪明的男孩儿在翻译完一小段课文后合上书,说出他翻译的最后一个句子的原文,大多数情况下他是不可能做到的。1886年,我在斯德哥尔摩的一次会议中报告了这样一个案例:在我的实验中,一个聪明的学生当场翻译了梅里美(Mérimée)的《哥伦布》(*Colomba*)中的一段内容。他翻译得非常好。显然,他对译文中的句子还记得很清楚,但让他试着说出其法文原文时,他说得又缓慢又吃力。他说的是:*Et il pleurait comme le fils de Pietri pleurait.*[①],但书上写的是:*Et il pleura comme pleurait le fils*

---

①　法语,意思是"皮埃特里和他的儿子一样都在哭着"。——译者

de Pietri.[①]。显然,如果一个学生很少注意到他遇到的法语单词的词形变化,他就不可能正确理解简单过去时和未完成过去时的根本区别,也不可能正确认识词序所起的作用。如果还是把翻译当作主要目的,学生们就永远无法真正欣赏到一门外语的独特魅力。

让我们想一想轮到一位男生朗读时,他是如何思维的。比如,他必须翻译这样一个句子:*cet homme, dont elle ne voyait jamais les enfants.*。*cet* 意思是 this(这个),*homme* 意思是 man(男人),*dont* 意思是 whose(谁的)——现在他会发现,如果继续按照法语的顺序一个词一个词地去理解,那就不成英语了。于是他往后面看,急匆匆地去试每一个单词;最后,他发现 *les enfants* 意思是 the children(孩子们);哦,我忘了,在英语里这里不能加冠词,只能说 children;他回过头去看 *elle*,它的意思是 she(她);现在,他发现 *ne jamais* 必须先翻译出来,意思是 never(从不);*voyait*,意思是 saw(看见)。于是,他不能按照法语单词出现的自然顺序 1—2—3—4—5—6—7—8—9 来理解,而是得打乱顺序,让这些单词按照 1—2—3—(8)—9—4—5—7—6 的顺序来排列。在德国学校使用的一本英语教科书中,要求翻译下面的句子,其中标注的序号用来提示翻译成英语时每个词语应该出现的顺序[②]:¹ Würden (would) ² Sie (you) ³ nicht (not) ⁶ viel (much) ⁷ zeit (time) ⁵ gehabt (had) ⁴ haben (have) ⁸ wenn (when) ⁹ Sie (you) ¹¹ nicht (not) ¹⁵ jenen (the/that) ¹⁶ brief (letter) ¹³ zu (to) ¹⁴ schreiben (write) ¹² gehabt

---

① 法语,意思是"皮埃特里的儿子在哭,他也哭了起来"。这两句的差别是上一句是未完成过去时,而这一句是简单过去时。两句的语序也有差别。——译者

② 引自《英语学习》(*Englische Studien*)第(八),第 175 页。

(had) [10] hätten (have).。在其他情况下,学生们自己通过数字和字母(铺路字母)来克服翻译的困难。凡是习惯于即兴翻译德语的人都知道,当他翻译了从句的主语时,他应该怎样默默地往下读——经常是好几行——以便找到动词,而按照英语的用法,这个动词一定不会离它的主语太远。他们也知道,在匆忙试译每一个单词时,他的注意力如何被众多枝节的思绪所吸引,而主干思路却在一旁等待。只有在少数情况下,句子中的每一个词语会以某种方式与一个英语单词相对应(比如上文中给出的那个简单句),这就使得这种心理过程变得更为复杂;一般来说,翻译者还得考虑这样一些问题,比如,*sich* 在此处是指 him(他)、her(她),还是 himself(他自己)、herself(她自己)、itself(它自己),或者 oneself(某人自己)? *si* 对应的是 so(那么)、as(由于),还是 if(如果)? *il fait* 指的是 he does、he makes、he has(something done)、it does,还是 it is,或者其他? 等等。这种心理过程比通常想象的要复杂得多,远远超过了孩子们的能力。因此,他们常常会满足于课本、教师或者父母的翻译,并部分地或全部地背诵下来;否则,翻译中很容易充斥明显违背母语习惯的词形、短语、表达以及语序等,这些都不是地道的英语。由于英语教师当然无法容忍这种对规范的英语的破坏行为,每节外语课的很大一部分时间都要花在根除这些野蛮行为上,任务艰巨。

这就是为什么人们常说,外语教学总是或者应该是一种与母语教学同时进行的教学活动;甚至有时人们更为明确地指出,学习其他语言的主要目的是为了获得对自己母语的正确认识。当然,如果这是我们对所思考的语言的理论认识,那么最后这句话很有道理;因为如果没有其他语言可以进行比较的话,我们自然就无法欣赏我们母语表达的丰富性,也无法对母语语法结构的优劣提出任何看法,甚至不能正确描述出母语的结构,更无法理解母语的历史演进。[①] 但是所有这些都不应让我们无视这样一个事实:只要涉及母语的实际运用问题,这一论断就完全错误了。在这方面,外语教学对我们没有帮助。那些最精通外语的人不一定是母语最纯熟的人。情况恰恰相反! 只要将同一个学生的英语作文和他从拉丁语翻译成英语的文章相比较,你会发现在他译自拉丁文的文章中,有大量不符合英语表达习惯的错误,但是这些错误在他用英语写作文的时候不太可能出现。因此,出现这些错误并非是因为学生对母语掌握得不够好,而仅仅是因为外语的表达方式限制和干扰了学生的思维;这门陌生的语言诱使他走上了他原本永远也不会涉足的语言学(翻译)道路上,这只会使他陷入泥潭。是学校用翻译教学法种下了恶果,现在也必将承担后果。依照主流的教学方法,外语教学远远没有起到帮助学生学好英语的作用,相反,尽管他们在翻译时投入了全部精力来应付德语、拉丁语等,但对于什么是好的英文这个问题,他们常常感到不确定和游移。[②]

　　我们最好不要在这里讨论如何获得良好的外语语感。当然,如果我们不立即把所有的注意力转向完全不同的地方,即英语译文上,就看不懂这些语言,我们就无法真正全面地了解法语或德语

---

　　①　不会外语的人,对自己的母语也一无所知。(J. 格里姆)

　　②　达尔文(Ch. Darwin)十分怀疑那种被广泛接受的观点,即最优秀的学者一定可以写出好的英文;他认为实际情况正好相反。(《生活与文学》*Life and Letters*,i. p. 155.)。也可参阅赫伯特・斯宾塞在《事实与评论》(*Facts and Comments*,1902)一书(第70页)中提出的具有相同影响力的激烈言辞。

的表达习惯。[①] 我们与所学外语的各组成部分只不过是"点头之交",因此我们看见它们时觉得相当眼熟,并且能够叫出它们的名字,但是我们跟它们并不十分亲密,也不在一起生活,它们也不会成为我们生命中的一部分。要学习某些有难度的东西,第一要素是专心致志;因此,优秀的外语教学的首要条件似乎是尽可能多地让学生使用外语;他必须沉浸其中,而不只是浅尝辄止。他必须沉入其中,好像自己也成为其中的一部分。这样,他就可以像一名游泳健将那样,快乐地在水中嬉戏了。但是,目前流行的教学方法的最大特点是,翻译及其辅助练习占用了如此多的时间,以至于没有时间让学生们自由地沉浸在外语环境中。

那么,为什么翻译起着如此重要的作用呢? 我们必须先找到这个问题的答案,然后再讨论翻译是否可以并且应该被置于次要的位置,以及通过什么样的方法把它放在次要的位置。现在,翻译能力要么被看成是外语教学的终极目标,要么仅仅被当作一种教学手段(可能是多种教学手段之一,也可能是唯一的教学手段)。

那么,是不是可以说,外语教学的目的是让学生学会(在语言之间)流利而准确地进行翻译呢? 回答一定是否定的。那些没有仔细思考过这个问题的人,或者没有认真体察过自己思维过程的人,他们普遍认为,只有把外语翻译成母语,人们才能理解;但是事实并非如此。那些真正有能力阅读外国作品原著的人,实际上并不会先把每个词,抑或每个句子、每个标点符号都翻译成英语后再

---

　　① 学生的思想必须进行一种相当怪异的"体操",总是在两种语言之间来回跳跃,完全无法停歇。这对很多其他方面的理解力训练(或是对其他人)来说可能是一种绝佳的锻炼(方式),然而对于语言学习来说,无法确定这样做是否真的有益处。——加贝伦茨(G. v. d. Gabelentz),《语言学》(*Die Sprachwissenschaft*),1891,第 73 页。

接着往下阅读。那些听法语演讲或者在巴黎观看戏剧的人没有时间给自己翻译，也无须翻译。最后，不言而喻，一个法语或者德语说得很好的英国人，不会在说话前先用英语组织好句子，然后再像学校里的男生做翻译练习那样把这些句子翻译成法语或者德语。不会这样做的。在所有这些思维过程中，英语的作用微乎其微，就像我在用法语阅读或者交谈时，德语对我来说完全是多余的一样。那些我们很熟悉，在书中出现时我们不会特别留意，跟别人交谈时也能不假思索地加以运用的外语单词和表达，有多久我们没有被问到它们的含义了？但是如果不借助于一些语义模糊、表意不明确的迂回曲折的表述方式，我们仍然不能给出它们在英语中的对应说法；然后，经过一番深思熟虑，我们突然想到了正确的英语表达。提问者可能对法语或者拉丁语的内容提出一个又一个翻译建议；尽管我们觉得不那么满意，却也提不出更好的翻译；然后他又提出一个新建议，我们立即感到这个翻译是最好的。那么，在所有这些情况下，我们在不能翻译它们（或者在我们能够翻译它们之前）的情况下，我们已经清楚、明白地理解了这些外语表达的含义。当然，无论是用英语单词 *case*、*instance*①，还是用 *fall*、*decline*、*descent*②，或者用其他说法（比如，*unglücksfall*，意思是 accident③；*schlimmsten falles*，意思是 if the worst come to the worst④；*auf keinen fall*，意思是 on no account⑤，等等）作为最恰当的翻译形式，对我来说，德语单词 *fall* 只是一个词，而且是同一

---

①　这里的"case、instance"是一组同义词，意思是"实例、事例"。——译者
②　这里的"fall、decline、descent"是一组同义词，意思是"下落、下降"。——译者
③　德语"unglücksfall"意思是"事故"。——译者
④　德语"schlimmsten falles"意思是"在最坏的情况下"。——译者
⑤　德语"auf keinen fall"意思是"绝对不"。——译者

个词。当我碰见 *gegen*[①] 这个词的时候,我不会有意识地停下来去想它的意思是 *toward*、*to*、*about*,还是 *against*[②];遇到 *bleiben*[③] 时,我也不会去想它在英语中是翻译成 *remain*、*stay*、*stop*、*continue*、*keep*,还是 *survive*[④]。*Il a dû se taire; elle a le cœur serré; il traite le sujet avec la compétence qu'on lui connaît*[⑤]——每次出现这样的习惯用语,我都要去寻找合适的翻译吗?每次遇到清晰可懂的德语复合词时,我都要停下来去寻找常用来解释这个词语的烦冗的英语翻译吗?不;在所有这些情况下,我会自然而然地把要表达的想法和表达这种想法的语言直接联系起来,而不需要通过母语的对译形式去理解。任何一个将外来词引入英语的人,要么是因为英语中没有合适的对译词,要么是因为当时还没能想起来对译词,这也因此表明,人们确实能够,并且经常能够,不必通过对母语中对译词的理解来学习其他语言中的词汇。

对"Il trouva la pauvre fille dans un état à faire pitié."(他发

---

① 德语"gegen"是一个多义词,下文中的"toward、to、about"或者"against"都可以作为它的英语对译词。——译者

② 这里的"toward"表示"向,对于,为了";"to"表示"到,向,朝⋯⋯方向";"about"表示"关于,大约";"aganist"表示"靠,倚,反对"。这些英语对应词本身也要根据上下文来解释,此处不赘述,读者可以参考相关的英汉词典比照理解。——译者

③ 德语"bleiben"是一个多义词,下文中的"remain、stay、stop、continue、keep"或者"survive"都可以作为它的英语对译词。——译者

④ 这里的"remain"意思是"保持、仍然是";"stay"意思是"维持、坚持";"stop"意思是"逗留、留下";"continue"意思是"继续、延续";"keep"意思是"保持、继续";"survive"意思是"继续存在,活下去"。这些词也是一组同义词,但是用法侧重也有差异。——译者

⑤ 法语,惯用表达:*Il a dû se taire* 意思是"他应该闭嘴/沉默";*elle a le cœur serré* 意思是"她心头一紧";*il traite le sujet avec la compétence qu'on lui connaît* 意思是"如同我们知道的那样,他处理这个问题很有能力"。——译者

现这个可怜女孩处于惨不忍睹的状态。)"On a voulu trouver dans ses œuvres un pessimisme de parti pris."(人们试图在他的作品中找到一种带有偏见的悲观主义色彩。)"Pour lui,il y allait de la gloire de cette maison qu'il servait depuis sa jeunesse."(对他来说,这是他年轻时就服务的这家店的光荣。)①以及其他一百句话,有多少人能毫不费力地理解,但是让他们去翻译时他们就立即犹豫起来! 总的来说,我们必须把自由地运用一门语言的能力和在不同语言之间进行翻译的技能区分开来;即使这两种技能可以在同一个人身上找到,也很少看到它们能够截然分开。如果允许我谈谈我自己的情况,那么我要说,我在翻译得又快又好这方面的能力,毫无疑问不如我理解语言以及用我所学的语言表达自己思想的能力强,因此,我几乎不愿意用翻译能力来评判我在语言方面的成就。

不久前刚刚去世的艺术评论家哈默顿(P. G. Hamerton),那本有趣的《法语与英语》(*French and English*)一书的作者,讲了他自己的故事:"因为我的妻子是一位非常热爱本国古典文学的巴黎人,所以我跟她学习法语,而她跟我学习英语。我们约定,在我们的私人谈话中,无论是说法语说还是说英语,都不允许放过任何一个错误。我们也会给对方大声朗读很多文章……在使用两种语言时,我有一种超凡的能力:将两种语言完全分开。当我用法语说话或者写作的时候,我就像一个完全不懂英语的人,由于头脑中完全不会出现英语词语,我也绝不翻译任何内容,甚至对长度、体积、重量、货币或者温度等也不再进行语言间的换算,而是独立地使用某一种语言进行思考。"

---

① 由于缺乏上下文,这里的译文只能提示出基本意义,并不精准。——译者

　　哈默顿在这里提到能力超凡,无疑是说,他所具有的语言能力十分高超。例如,也许不是所有人都能看到"*dix-huit degrés*"(18 摄氏度)就能得出对应的华氏 52 度这样的精确数字;但是,毫无疑问,出于习惯,对那些非常努力用摄氏度数来表达温度的人来说,这也是顺理成章的。这就很像在法国生活的外国人,在一段非常短的时间后,就会不自觉地开始用法国货币计算,而不需要先把 *deux francs cinquante*(2.5 法郎)换算成英国先令和便士,再来判断物品的价格是高了还是低了。

　　不过,尽管我承认,这种能得心应手地运用一种陌生语言的能力达到如此高超的水平并不常见,但是我想,同样的能力达到略低一点的水平却并不罕见。我的意思是,对于那些多少能读一点外语书的人来说,为了理解他们所读的东西而必须自己翻译的情况并不多见。少数情况下,或许只有几行较难的文字才需要借助翻译。即使是那些有困难的地方——他们必须借助于母语才能理解意思——通常也只有一两个单词需要查词典,因此他们一般也无须停下来去翻译那些单词所在的整个分句,更不需要仅仅为了分析有关句子的结构而时不时停下来。如果所有人不得不经常使用两种语言,那么情况很可能与居住在卢萨蒂亚(Lusatia)的文德人一样:"他们说文德语和德语一样流利;但是,如果要求他们把一种语言翻译成另一种语言,一般人通常会拒绝:'他不会翻译,'或者,像我的一位受访人所说的那样,他'害怕'翻译。但是,他可以毫不费力地用德语来复述他听到的用文德语讲的故事,同样他也能给出单个词语的准确翻译。"[①]

————————————

　　①　波勒(F. Polle)在《人们如何看待语言》(*Wie denkt das volk über die sprache*,Leipzig,1889,p. 35)中提到,这些语言的差异之大就如英语和俄语的差异那么大。

　　虽然拥有直接理解外语的能力的人不计其数,需要用外语表达自己想法的人也在不断增加,但真正有机会练习翻译技巧的人却寥寥无几。很多人要用德语等外语写私人信件,但是他们绝不会先写一个英语文稿,然后再对其进行准确的翻译。即使是那些要用外语给别人写商业信函的人,一般也不会得到一份完整的原文信函(以供他们翻译),只会得到一份大概内容的草稿,他们要做的就是尽量用最恰当的外语形式表达出来。那么,还有为数不多的在法庭工作的译员、小说译者,以及极少数敢于在诗歌翻译领域挑战宝贵而迷人的诗歌翻译艺术的天才译者。然而,让他们感到欣慰的是,最基本的翻译技能取决于我们都需要的直接理解语言的能力。[①] 因此,如果我们拒绝承认具备翻译技能是所有语言教学的目的和目标,他们没有必要感到不满。

　　我们的理想应该是尽最大可能接近母语者对语言的掌握水平,从而使外语中的词汇和句子能像作用于母语者那样唤起我们头脑中跟他们一样的概念——我们都知道,这些概念与我们母语中相应词语所表达的意思不一定一致。语言之间的对应关系跟数学中的等值关系不同;*cœur*、*herz*、*heart*(心脏)几个词涵盖的词义范围各有不同,更不必说 *sens*、*sinn*、*sense*(感觉、官能)之间必然存在差异,凡此种种。即使词语的字面义可能被认为是相同的,与词语相关的暗示意味在不同语言中也会有所不同。这种暗示可能来自于相关联的词语,也可能来自于发音相似或其他方面相似的词

---

　　① 只有理解了词语出现的语境,才有可能知道英语的 *light* 或 *bow*,法语的 *montre*(名词,手表;动词,指、说明)或 *fin*(名词,结尾;形容词,细的、薄的),德语的 *thor*(名词,雷神)或 *lieben*(动词,爱、喜欢)这些词语意味着什么。所以,语言要先理解了才可以翻译。

语，还可能来自于与词语共现的高频组合，等等。同一种动物蝙蝠，英语中作 *bat*（蝙蝠），法语中作 *chauvesouris*，德语中作 *fledermaus*，拉丁语中作 *vespertilio*，丹麦语中作 *flagermus*，但这几个词所隐含的暗示意味是多么不同啊！法语、德语和丹麦语中的词形强调了该动物与老鼠的相似性，丹麦语词还暗示它能扇动翅膀（在德语中一定没有这样的暗示，因为德语词中已经用 *flattern* 替代了 *fledern*），但是法语词强调它的皮光秃无毛；拉丁语词让我们想到这种动物在一天中的什么时候外出活动，而英语 *bat* 的词义却是一个没有任何暗示意味的抽象表达，这下我们可以理解为什么坦尼森（Tennyson）说在诗歌中用方言词 *flittermouse* 比用 *bat* 要恰当得多。这些词的"弦外之音"在双关语、韵文中听上去更明显，不过它们仍然总是潜藏在我们意识的深处。所有诸如此类的情况，加之某些语言要仔细辨别对于其他语言来说无足轻重的语法或意义上的某些细微差异，其细微之处似乎也扩展到了完全不同的方面。除此之外还有不同的语言使用习惯，比如语序，等等。所有这些，都使得任何翻译永远都不可能完美地还原原文：翻译即背叛！（*traduttore traditore!*）

　　鉴于所有这些原因，翻译（或翻译技巧）并不是我们外语教学想要达成的目标。

第五章　外语教学的新方法

尽管有种种不足,翻译仍可以作为辅助语言教学的一种有用且不可或缺的手段。为了说明这一点,我们必须对可以利用翻译以及实际采用翻译的不同情况有一个清晰的概念:

a. 教师把外语内容翻译成英语,这是帮助学生理解外语的一种手段,比如,告诉学生 *cheval*[①] 是"horse"(马)的意思,或者为学生翻译整个句子;

b. 让学生把外语内容翻译成英语,这是检测学生是否理解外语的一种手段,比如,问学生 *cheval* 在英语里是什么意思,或者让学生翻译整个句子时;

c. 让学生把英语内容翻译成外语,这是一种让学生练习用外语说出一些东西的手段;

d. 让学生把英语内容翻译成外语,这是一种检测学生能否用外语进行自我表达的手段。

当教师为了了解学生是否掌握外语的一些语法规则而让学生翻译一个英语句子时,这的确是进一步的要求。很明显,a 和 b 这两种情况密切相关,c 和 d 也同样联系密切;但是,我们稍后就会看到,并非像普遍认为的那样,一种情况必然以另一种情况为前提。

---

① 法语,cheval 的意思是"马"。——译者

　　支持常规教学法的人不加区别地把这四种情况放在一起来谈,认为这几种情况下翻译都是很好的手段,并且是唯一真正有效的方法。但是,反对这种教学法的人则认为,这四种情况中,翻译都不是唯一的手段——远非如此!——而且,翻译在 a、b、c、d 四种情况下的价值也不相同。

　　a:翻译总是有风险的;尽管如此,在某些情况下,仍有许多人把翻译法当成让学生理解外语最可靠、最快捷的方法,但是在其他情况下,他们会尝试不用这种方法;一些教师甚至认为,无论如何,他们都能找到其他更好的方法来让学生理解外语表达的意思。

　　b:作为考查学生是否理解外语的一种手段,让学生翻译是一种差强人意的方法,只能说勉强过得去;翻译并不总是可靠的,在很多情况下,它应该是万不得已才使用的方法。

　　c:跟那些迄今为止被教师普遍忽略的让学生用外语说(或写)的其他教学方法相比,把英语翻译成外语,至少对初学者来说是一种极为糟糕的方法。“出于学习的目的(把材料)翻译成外语完全属于教学法层面的迷失和错误”[比尔鲍姆《更新的语言》(Bierbaum,*Die neueren sprachen*,i. 57)]。

　　d:作为一种考查学生是否能用其他语言表达自己观点的方法,口头或书面的翻译练习要么是不切实际的,要么充其量只适合水平最高的学生。

　　现在必须对这些论断进行纠正,特别是对用其他方法来替代翻译法的建议。我不想继续严格观察这四种情况的区别。为了避免单调地重复“所讨论的外语”这样的表述,下文中我将用“语言”这种简洁的表述与英语进行对比。

　　还有其他什么方法可以让我来帮助学生们理解外语单词和句

子的意思吗？有。首先，可以借助直接观察法（*direct observation*）
或者直接感知法（*immediate perception*）（在德语中称为观察法）。
这种方法适用于学习那些在教室中就能找到的事物的名称，比如：
fenêtre（窗户）、porte（门）、banc（长凳）、chaise（椅子）、tableau
（noir）（板/黑板）、craie（粉笔）、livre（书）、plume（旧时的羽毛笔）、
crayon（铅笔）、montre（表）、élève（学生）、maître（professeur）（老
师），等等。教师所要做的是，指着某样东西进行解说，比如：*c'est*
（或 *voilà*）*la craie*（这是粉笔），*on appelle ça le tableau noir*（我
们称它为黑板），等等，这样，学生就不会弄错每个词语的意义。此
外，这也是教那些与人体有关的基本词语的最佳方法。这些词语
如：tête（头）、cheveux（头发）、nez（鼻子）、yeux（眼睛）、bouche（嘴
巴）、lèvres（嘴唇）、barbe（胡须）、joue（脸颊）、oreille（耳朵）、bras[①]
（胳膊）、main（手）、doigt（手指/脚趾），等等。除了许多名物词，还
有其他一些词语也可以用这种方法进行学习。如：voilà une
fenêtre, et voilà une *autre* fenêtre（这是一扇窗户，那是另一扇窗
户）；Pierre est un élève, Paul est un autre élève（皮埃尔是一名学
生，保尔是另一名学生）；还有像 *ici*（这儿）、*là*（这儿/那儿）[②]这些
词语，特别是一些动作性动词，如：*j'écris*（我写）；Victor écrit（维
克多写）。je *prends* la craie（我拿粉笔）；Jean prend la craie（让拿
粉笔）。je me *lève*（我起来）；Pierre se lève（皮埃尔起来）。*je
m'assieds*（我坐下），je *marche*（vers la porte）（我往门的方向走
去），*j'ouvre* la porte（我开门），je *ferme* la porte（我关门）；je

---

① bras 这个词单数、复数同形。——译者
② là 可以指"这儿"也可以指"那儿"，但是指"那儿"时，是指不是特别远的处
所。——译者

donne le livre à Pierre(我把书给皮埃尔)，Pierre me donne le livre
（皮埃尔把书给我）①，等等。教师自己或者学生说某个词语的同
时，教师就可以演示这个动作。通过这种方式，学生们在没有掌握
任何法语词汇之前，就已经处于学习的最初阶段，能够不借助于任
何英语单词就学习到很多外语单词和句子。的确，即使是动词的
各种时态，也可以用这样的方法来解释。比如，阅读过程中，学生
们遇到了 *il a pris*（"他拿"的过去时）表示不理解时，教师就可以
通过这样的方式说明它的意思——这当然不适合最早期的课堂教
学——他可以先拿起粉笔说"je prends la craie"（我拿起粉笔），然
后拿着书说"je prends le livre de Jean"（我拿起让的书），然后拉着
让（Jean）的手说"je prends sa main"（我拉着让的手），接着说：
"d'abord j'ai pris la craie, puis j'ai pris le livre de Jean, et enfin
j'ai pris sa main."（我先拿了粉笔，然后我拿了让的书，最后我拉
了他的手。）。只需要一点巧妙的设计，就可以用这种方法教授很
多内容；帕西和托斯特普（T. Tostrup）编写的法语教科书《常识
课》（*Leçons de choses*）中的一些材料就安排得非常好。关于学生
们是否应该复述教师用这样的方式讲出来的内容，以及如何复述，
我后面还会谈到。同样，我也会对学生实际上理解英语中这些单
词意思的说法进行驳斥。在这里，我只是想告诫大家，不要一下子
使用太多这种类型的材料，最好能把它们跟其他内容穿插起来用。

　　其次，词语的意义可以通过间接感知法（*mediate perception*），
用图画的形式来传达。这就是戈尔德施密特小姐（Miss Goldschmidt）
在她的《图解单词》（*picture-words*）和其他一些同样理念的书里

---

　　①　donne 可以表示"递给"，也可以表示"送给"。——译者

殚精竭虑地实践的方法,那些书一部分是她自己编写的,一部分是其他人编写的。在这类书中,每一页都包含一系列属于相同概念范畴的事物的图画。有时,这些事物合在一起,构成一个完整的场景;有时,这些事物彼此独立,相互之间没有联系;有些图画组合得很好;有些图画则令人感到新奇,比如,一只望远镜随意地置于彩虹之上。图画上的每个物体都标有数字,指向某个法语(或者英语)单词列表中的对应单词。在很多德国的学校里,现在在丹麦的几所学校,教室的墙上会悬挂大幅挂图,尤其是赫尔策尔图表(Hölzel chart),在这张图中,比如,有关冬天的图画里,收集了属于冬天的最重要、最具有代表性的东西。然后,教师就可以一边指着其中的一个东西,一边用正在学的语言来解释它。最后,这些图画还可以用来说明某篇叙述性的或者是描写性的课文,正如由撒若瓦(Sarauw)和我自己编写的英语初级课本中所做的。

有几个人对感知法提出了异议。斯威特就认为,这种方法不能像翻译法那样给出明确的定义。如果在一顶绸帽(或者其图画)旁边看到 *chapeau*(帽子)一词,我们不知道它只是指这种绸帽,还是指其他类型的帽子,因此,翻译成 hat 就更能体现其正确的概念。或者,如果教师指着自己的嘴巴说 *bouche*,学生们可能也会以为它的意思是嘴唇,等等。这一反对意见是一位没有公开身份的哲学家提出的,他没有在实践中见到这样的情况;这种情况几乎不太可能发生,除非一个人试图自学并且完全依赖图画学习。在口语教学中,这种错误非常少见,几乎不值一提,甚至,对于教师而言,能够意识到存在这样的情况也许是一件好事——儿童在理解母语时,时不时也会出现这种情况,而且在很大程度上如出一辙。如果教师理解自己的教学工作,就不会出现这样的错误,即使出现了这种错误,也会很快纠正,因为他当然不会仅仅停留于指着物体说出词语,他会立即在句子或短语中使用这个词语,在句子和短语中,这个词的意义就变得非常清楚了。比如,如果教师只是说 *tu as une bouche et deux lèvres*(你有一张嘴,两片嘴唇),或者,指着自己的嘴说 *bouche*,然后问某个男生 *Combien as-tu de bouches?*(你有几张嘴?),就不会出现此类错误。实际上,所有这类问题在一般情况下从一开始就不会发生,因为当教师指着自己的嘴巴时,他不会只说 *bouche*,而是会说 *voilà la bouche*(这是嘴巴)或 *voilà ma bouche*(这是我的嘴巴)。这里的单数形式 *la* 和物主代词 *ma* 明确指出了正确的含义。这种类似对 *chapeau*(帽子)一词意义的误解无疑是很少见的,但不管怎样,教师可以通过使用相同的词语来谈论自己或学生的帽子来避免上述误解。

另外一位反对感知法的人表示,如果教师一会儿站起来,一会儿坐下去,一会儿开门,一会儿关门,一会儿擤鼻子,一会儿脱掉靴子,一会儿穿上靴子,诸如此类,会干扰课堂秩序。

第三位持反对意见的人仔细地描述了教师为了教 gants(手套)这个词,从口袋中掏出手套时一位学生内心的想法:"这个教具实在太糟糕了。"或者,"哦!因为知道今天上课要用,他今天带了最好的手套来。",等等。当然,这种方法可能会显得滑稽可笑,教师躁动不安地一会儿一个动作,课堂纪律也会因此变得松散,但是总的来说,跟平常的语言课或其他一些课上所做的那些事情相比,该方法要求教师所做的动作并没有特别地不同,也没有让学生们更为心神不宁。在那些课上,某位学生要么走到黑板前,要么走到门口,要么打开窗户。即使在这种教学中存在某种躁动情绪,学生们也不会像在其他课堂上那样窃窃私语。

　　还有一种似乎更有说服力的反对意见认为，只有外来词可以明显通过感知法直接与概念发生关联。因为无论是一顶真实的帽子还是一幅帽子的图画，都会立即让学生联想到英语单词 *hat*，所以我们不能如我们所希望的那样可以绕过母语直接理解词义；母语如影随形。如果我们认为可以完全阻止英语单词出现在孩子们的意识中，那我们就是在自欺欺人。不过，如果我们放低要求，只是尽可能把外语放在优先的位置，把英语放在靠后的位置，那么，不可否认的是，当教师和学生都不需要提及英语单词时，一定是会实现上述目标的。教师和学生越是习惯于这种教学方法，在学新词时联想到的以前已经学过的词语就越多，教师也越能巧妙地去改变整体教学思路，英语单词出现在学生意识中的情况就会越少。

　　有了这些图画作为示意的基础，至少在上完最初的几节课后，就可以并且应当用外语进行对话。必须尽量不依赖母语，而将教学时间完全用于外语的听说训练。当然，如果图画不仅能指向单个的词，而且还能表示丰富的内容，效果最好。所以，芬兰的弗赖登塔尔夫人（Mrs. Freudenthal）在教学中最大限度地使用了复制的风俗画①。这些图画为其中隐含的整个叙事的展开提供了场景。若能像我和撒若瓦为初学者编写的英语课本中所做的那样，提供带有小插图的故事（或其他材料），效果也许会更好；它们可能会引发一些或多或少与课文有关，用基本相同的词汇就可以进行的对话；教师也应该不时地回到以前讨论过的图画上，由于学生们在这期间已经取得了一些进步，跟过去相比，对这些图画的讨论可能会更加充分。

---

　　①　这里的风俗画指的是以日常生活为题材的写实画。——译者

　　因此,图画在外语教学中无疑具有重要的意义,尽管它们的作用不能被高估,也不能把它们当成唯一的解释手段——所有的片面性都是有害的。但是,图画应该体现异域文化特色,尤其是当学生已经完成了初级阶段的学习时。我并不是第一个因为戈尔德施密特小姐给出的图画展示了丹麦人家的客厅、丹麦的邮递员等,并让学生在学习三门外语时使用了这些同样的图画而责难她的人。有些东西不可能引起兴趣,一定是相当乏味的,教师该做的恰恰是拓宽学生们的视野,让他们了解不同国家多姿多彩、各具特色的文化之间的差异。学校应该多在墙上挂一些图画和插画作品,好让学生对法国和德国的生活、自然风光、建筑、艺术、公共机构有初步的认识。外文画报会包含很多有用的材料,教师应该经常用5—10分钟或者更长的时间来和学生们用外语讨论这样一幅图画。这是对以课本为本位的教学进行补充的好方法。

　　教师不仅可以拿这些现成的图画进行语言教学,还可以经常通过在黑板上画出简易的粉笔画这种方式来说明所读课文中的各种事物,并根据这些图画(用外语)进行解释。有几次我使用了这种方法,学生们立刻就被吸引住了,于是我开始对自己极其缺乏绘画才能而感到懊悔。如果说我在上学时忽视了什么课程,那就是绘画。幸运的是,如今人们已经开始注意到这一分支学科的重要性。对于所有学科的教师来说,绘画首先是一种辅助教学的手段;其次,从教育观点看,这对学生来说也是一件好事,能让他们学习正确观察物体,并通过绘画把看到的东西呈现出来。就如在自然史和地理学教学中,让学生画图现在已成为一个重要的教学特色,画图在语言教学中也许可以发挥类似的作用。把画画儿引入教学是一个绝妙的想法,这个想法已在《丹麦社区学校》(*Det danske selskabs skole*)中付诸实施。这里我想引用该书"说明"（1900）里的一段文字：

"绘画练习也发挥了重要的作用。上课之前，就在黑板上写好题目，让每一位学生用图画去表现。每个学生都有一定的空间用来作画。学生只能画他能用德语谈论并解释的东西。不过，当然，目的是让学生画出尽可能多的东西。比如，如果主题是马车，学生们自然要画出两个车轮、车辕、厢板、围栏、座位、执鞭的马夫、马，以及马具，等等。学生得向全班同学解释他的画；当然，这对他来说并不容易；其结果是他对所有这些事物的名称发生了兴趣，教师说起这些词语时，他就会全神贯注地听。一个班里的 14 个男生可以在 10 分钟内画完他们的画，而解释这 14 幅画则要花去 30 分钟。"（C. 兰贝克）

这里，似乎题目是用丹麦语给出的，而且对要练到的单词也许规定得过细了。我认为采用口头方式，或者完全用外语来出题效果会更好，比如，向一位学英语的丹麦学生说——请你画一栋两层楼的房子，每层有三扇窗户和一扇门；房子外边有一个男人站着吸烟斗；或者，请你画出一辆双驾马车，车里坐着一位绅士，但是你只能看见他的鼻尖；一只狗跟在马车后面飞快地奔跑。如果黑板上有——也应该有——足够的空间让几个学生同时画画儿，那就更好了。班上其他学生可以利用这个时间做一些别的事情，直到这几名学生把画画完。然后先由作画的学生解释一下他们的画，随后再请一位或者几位同学补充；当然，要像兰贝克先生所建议的那样，教师和学生都要注意图画中漏了的东西，并做出新的补充。还可以让学生们像讲小故事一样画画儿，以表明他们已经理解了所读的内容。谈到对图画的使用时，我有点偏离了我的出发点，即除了翻译之外还有哪些教学生外语单词词义的方法。

我们所有外语水平较高的人必须承认，在阅读外语书籍时，对那些不熟悉的单词我们通常不会去查词典,因为根据上下文就可以很清楚地知道它们的意思。用这样的方法我们也学会了成千上万个母语的词语。那么为什么不把这种经验运用在外语教学中呢? 因为这样只能猜出个大概,会导致粗枝大叶和不求甚解,这是我们得到的回答。诚然——就一些情况来看确实如此。有不少词组,其中一个词语的意思本可以通过上下文"觉察"(推断)出来,但如果没有证据表明学生确实理解了这个词,有责任心的教师就不会满意;还有这样的情况:教师想象学生们会立即猜出来词语的意思,但他们全猜错了。但是,这种通过上下文去猜生词的意思的能力仍是有价值的,不应被忽视,相反,应该去培养这种能力——当然,要有所控制。任何情况下,使用真正的自我诠释型的句子是毫无风险的,在这类句子中,生词的词义永远不难推断,根本不需要猜测。比如,"Il y a *douze mois* dans *l'année*"(一年里有十二个月)这句话,知道其中的三个斜体词语中的任意两个,学生就能准确地推测出第三个斜体词语的意思,这就像在 a+b=c 这个方程式中,只要给出其中两个数,就可以推出第三个数一样。如果你接着说:le premier s'appelle Janvier(第一个月叫一月),le second s'appelle février(第二个月叫二月),le troisième s'appelle mars(第三个月叫三月),等等,那么,如果学生们把序数词和月份的名称都放在一起,就根本不需要猜了。下面的句子也一样:

Le jour se divise en vingt-quatre heures;l'heure se divise en soixante minutes;et la minute en soixante secondes. (一天为二十四个小时;一小时为六十分钟;一分钟为六十秒。)

Soixante secondes font une minute;soixante minutes font une heure;vingt-quatre heures font un jour;sept jours font une semaine; cinquante-deux semaines et quelques jours font une année;cent années font un siècle. （六十秒是一分钟；六十分钟是一小时；二十四小时是一天；七天是一周；五十二周加几天是一年；一百年是一个世纪。）

这样，学生不需要教师翻译就能推断出许多单词的含义。因此，让他去翻译这样的段落只是浪费时间——因为他可以在半梦半醒时做这样的事情，不需要盯着法语看，而且用这样的方法他也学不到太多东西。不要让他做这样的事；让他不断地用法语重复，直到他能说得很流利，然后让他把序数词一个一个地记下来:le premier（第一）、le second（第二）……接下来，再记住每个月份的名称:janvier（一月）、février（二月）……；然后，把这两组词再过一遍，最后随机地回答教师的提问:Comment s'appelle le troisième mois? （第三个月叫什么?）Quel est le dixième mois? （第十个月是哪个月?），等等。或者，针对第二部分内容，让学生复习所有的时间划分，先从最小的开始，而后从最大的开始（并使用冠词 un、une）；然后教师问:Comment se divise l'heure?（一个小时有多少分钟?）Comment se divise le jour?（一天有多少个小时?）Combien de secondes a une minute? （一分钟有多少秒?）Trois heures, combien de minutes?（三小时有多少分钟?）Deux années,combien de mois?（两年有多少个月?），等等，等等。这样一来，教师似乎就有十足的把握能让那些不怎么懂法语的学生们不停地说法语，而无须使用一个英语单词①。

当然，只有少数主题可以用一连串的自我诠释型的句子来谈

---

① 参见下文中的计数练习。

论:斯威特在他所编写的《基础课本》(*Elementarbuch*)中所收集的这类句子比我所知道的其他任何教材中的都要多;但几乎所有的课文都会包含这样一些句子,句子的大概意思清楚地表明了生词的含义。学生记住的这类句子越多,对他就越有利。应该促进学生通过上下文去推断词义的能力并给以训练,而不应该让学生从母语或者其他语言中寻求意思相近的对译词;即使很多东西是可以通过这种方式学到的(比如通过英语的 send(发送)学习德语 *senden*;通过英语的 *ruin*(毁灭)学习法语的 *ruine*,等等),我们仍要注意不能过于相信不同语言之间的相似性,因为这种相似性常常会使我们误入歧途(即使它们是一组同源词)。大多数真正有价值的关联性都是自发产生的。

接下来,可以用外语给学生简要地解释一下生词——当然,这确实意味着,教师要把生词放在自我诠释型的句子里,而这是我们刚刚所讨论的内容的进一步细化。任何一个习惯于使用优秀的法语和英语词典(不管是大词典还是小词典),一路从《利特雷辞典》(*Littré*)[①]和《墨雷词典》(*Murray*)用到《小拉鲁斯词典》(*Little Larousse*)或《安南代尔简明词典》(*Annandale's Concise*)[②]的人,都知道他常能从词典中找到对生词的非常详尽的解释。为什么不把这样的经验也用于外语教学呢? 比如,用 Un veuf est un homme dont la femme est morte;une veuve est une femme dont le mari est mort(鳏夫是指死了妻子的男人;寡妇是指死了丈夫的女人)这样的句

---

① 《利特雷辞典》由埃米尔·利特雷(Emile Littré,1801－1881)独自编写完成,也称为《利特雷法语辞典》。这套辞典于 1859 年开始出版,直至 1872 年出齐,前后历 13 年之久。这部四卷本巨型法语辞典的出版是法语辞典编撰史上的一个里程碑。——译者

② 这些都是在当时使用较为广泛的法语词典。——译者

子来解释 *veuf*（或 *veuve*）；诚然，跟简单地译为 widower（鳏夫）
（或 widow，寡妇）相比，这种解释并没有提供更多的信息；但是在
有些情况下，解释会提供比翻译更好的信息。在为德语单词
kapplaken 提供英语的对译词 *primage*（运费补贴）或 *hat-money*
（帽子钱，指船长酬金）时，很多英国人仍可以像以前一样聪明，这
并非不可能，① 但是如果用德语这样解释：prämiengeld②, das
früher dem schiffskapitän ausser der fracht gezahlt wurde,
ursprünglich freiwilliges geschenk, dann vertragsmässig bestimmt.
（以前付给船长的运货之外的钱，原为自愿赠予，后按照合同标的
确定），他们会立刻理解这个单词的意思。在英德词典中，英语的
dentil（齿状装饰物）由德语的 *kälberzahn*（小牛犊的牙齿）翻译而
来，但是我觉得，大部分德国人会从《安南代尔简明词典》对该词的
释义"切割成小立方体或块状，用来装饰希腊飞檐的装饰物的名
称"或《芬克－瓦格纳各种学科全书》（*Funk ＆ Wagnall*）的释义
"爱奥尼亚柱式的③和其他柱顶的檐口造型上排成齿状的方形小
装饰块"（这里甚至还配有示意图）中得到更多的信息。这样的专
业词汇，我们甚至不知道它对应的英语术语，在学校里几乎没什么
用；但有时因为语义的不确定性，翻译提供不了解释所能给出的准
确内涵。如果我说 *stockwerk*（楼层）的意思是 *floor*（地面），那我
就有可能让学生在应该使用 *fussboden*（地面）的地方用了
stockwerk（楼层）；但如果我把它解释为 "eine der horizontalen
einteilungen eines hauses"（一所房子沿水平方向分出的区域）或

---

① 　换句话说，他们并不真正理解德语中这个词语的意义。——译者
② 　德语 prämiengeld，意思是"奖金，跑腿儿费，赏钱"。——译者
③ 　爱奥尼亚柱式的（Ionic），是指一种古希腊建筑风格，有涡卷饰。——译者

者类似的表述,就不会造成任何误解。

　　另一方面,当然也必须承认,有许多词语的英语对译形式比用一大段外文解释更能快速、清晰地提供必要的信息。因此,教师们必须视具体情况来考虑到底是用翻译还是用解释。教师们也不能为了图省事儿而不给出翻译——翻译对他来说总是最容易的;但他必须牢记,用外语解释总是有很大的优势,它不仅能让学生学到生词,还能让学生听到大量他顺带可以复习的其他内容;而且,在此期间,学生也能够完全沉浸在外语中。除此以外,这些解释还能让学生们感到有趣,因为教师用外语进行解释,比直接告诉他们对译词更费脑筋。

　　然而,这种解释也许不应该在课本的词汇表中使用太多,尤其是在针对初学者的读物中;在这样的读物中,最好把它们编排在一篇篇课文中。首先,如果在词汇表或者注释中出现,这样的解释不免会变得枯燥,更像是一种定义,不是很有必要;其次,不想通读那几行外语释义的学生会让他的同伴、父母或姐妹告诉他这个词的意思:也就是(让别人)翻译这个词语。要求学生记住那些给出的外语解释以避免出现上述情况也并非明智的做法,很容易导致不加思考的死记硬背。在真正的好的教学中,词汇表对初学者来说并没有那么重要,它只不过是那些记性不好的学生在家里预习时用来查询他记不起来的词语的意思(和发音)的辅助材料;在这种情况下,我会毫不犹豫地使用翻译法。①

---

　　① 如果高年级学生阅读的那些(书面的)文本大部分是用外语本身进行注释的,那就完全是另一回事了。但是,在很多情况下,这种为母语学习者准备的注释版本对我们学生来说要求太高了,另一方面,它们容易提供很多对他们来说并不是很有价值的信息;所以,最好能够尽快出版一些符合我们学生要求的带有外语评注的外国文学作品。

　　当教师分段讲解课文时,尤其适合用外语进行解释。教师必须非常小心地进行,并且要让学生真正透彻、全面地理解将要读的新段落——要尽可能生动,尽可能少用英语单词和句子。这在很大程度上要靠教师朗读课文的方式来实现;许多课文可以读得让学生们一听就懂:比如,读得抑扬顿挫,声音富有变化,等等。然后,他可以通过示意法指出各种各样的事物——比如,尽管全班同学都已经学过了 *fenêtre*(窗户)这个词,在遇到这个单词的时候指一下窗户也并没有什么坏处。很多单词的意思可以通过做手势等方式表现;比如,要表现 *scie*(锯)这个词,可以一边发出拉锯声,一边做出拉锯的动作;*tailler*(剪裁)这个词,只需要做出用刀切的动作,持续半秒,就可以表现出来;因此,*boire*(喝)、*chanter*(唱)、*coup de pied*(用脚踢)、*grimper*(攀爬)、*joyeux*(愉快/高兴)、*mécontent*(不满)、*pleurer*(哭)、*dormir*(睡觉)、*taper*(打),以及其他许多词语的意思都可以通过做动作去表现;一般来说,只需要给学生少许(不至于让人心烦!)提示,他们就能立刻明白这些词语的意思。

　　最后,语言中还有一些迂回的说法,它们并不是词典里给出的明确定义,而是换一种方式来说;通常只需要把学生的想法引上正确的轨道就可以了。比如:遇到德语 *hauptstadt*(首都)一词时,教师可以说:London ist die hauptstadt Englands, Paris ist die hauptstadt Frankreichs, und Kopenhagen ist die hauptstadt Dänemarks(伦敦是英国的首都,巴黎是法国的首都,哥本哈根是丹麦的首都)——然后问一名学生:Heinrich, weisst du jetzt was hauptstadt bedeutet?(海因里希,现在你知道 hauptstadt 的意思了吗?),这名学生可能会说:"首都。"教师便可接着问:Ganz richtig, aber kannst du nicht das wort auf deutsch erklären?(没错,不过你能用德语解释一下这个词吗?),这个学生说:Ja,die hauptstadt ist die grösste stadt eines landes(好的,首都是一个国家最大的城市),教师说:Ja wohl,es ist die erste stadt,die grösste stadt,die wichtigste oder bedeutendste stadt eines landes(是的,它是一个国家的第一大城市,最大的城市,或者说是最为重要、地位最高的城市)。教师还可补充说:Nun,Johan,kannst du andere hauptstädte Europas anführen(现在,约翰,你来说一说欧洲其他一些国家的首都)。约翰说出几个城市后,教师便可以说:Schön,das genügt(很好,够了),然后继续上课。即使用了很多单词,但因为它们是外语词汇而并不显得多余,因此,以这样的方式进行的几分钟对话,就像用这种外语朗读了一整页内容一样有用。比起教师只告诉学生们 hauptstadt(首都)的意思后继续朗读课文,上面这种方法能够更好地让学生一劳永逸地记住 hauptstadt 这个词的意思。在任何一种情况下,教师必须自己摸索以判断哪些地方还有学生不理解的东西,哪些地方做进一步的解释是多余的或令人生厌的;这也是之所以要将这样迂回式的表达留给教师解决,而不是放在教科书里的原因之一。

　　当然,为了能自然而贴切地给出解释,有必要进行练习,并灵活变通,小心翼翼地适应全班学生的需求和想法;教师必须充分了解全班学生事先知道的内容,以及哪些词语和表达是他有把握可以使用的;迂回表达中所用的单词越简单,越口语化,表述得越具体,效果就越好。解释得太多总比解释得太少要好,只用外语进行解释时,一定不要害怕用到很多单词。加贝伦茨(Gabelentz)下面的话很有道理:"对一开始学语言的人来说,思想简单而又爱说话的人是他们最好的老师。"教师一定不能让自己变得愚蠢,但他必须承认,无论他本人的智商有多高,他都能从幼儿语言教学方法中学到很多东西,比如:缄默不语或要言不烦并不能达成教学目标。应该给予这种教学方法一些关注,并找出对学生的语言学习最有益的解释方式。通常来说,哪些内容已经被学生掌握,哪些内容学生们还不明白——这些问题即使不直接问,教师也不应该放过去[①],因为男孩子们很容易就被训练得不懂就问,要了解这些问题并不难。因此,所有要做的就是让学生们相信,教师总是愿意并且乐于回答他们的问题,而且他们永远不会因为问问题而被取笑。当然,有时候,如果是一个简单的问题,教师也可以让其他同学来回答。

下面的例子可以作为这种教学法的范例,即使我可能已经解释了一两个对母语为英语的班级来说不需要解释的单词。

Devant la porte d'une maison forestière 在一所森林小屋的门前[c'est à dire une maison située dans une forêt. 即位于森林里的一所房子。Vous ne saver pas ce que c'est qu'une forêt?你不知道森林是什么吗? Eh, bien, c'est plus grand qu'un bois, une très grande collection d'arbres, ça s'appelle une forêt. 嗯,比树林大,有好多树的地方,我们就叫它森林。Adolphe, peux-tu me nommer une forêt en Angleterre?阿道夫,你能说出英格兰的一处森林吗? La maison dont nous allons parler, était située dans le milieu d'une forêt, et devant la porte 我们要说的那所房子就坐落在森林的中央,门前] *une jeune femme, les bras nus, cassait du*

---

① 但是一定不要问"懂了吗?"这类问题,这类问题的回答一定是"懂了",这样的回答往往毫无意义。

bois à coups de hache sur une pierre. 一个年轻的女人光着胳膊，用斧头砍木头。[Elle avait les bras nus, il n'y avait rien pour couvrir ses bras, elle n'avait pas de manches. 她光着胳膊，没有任何东西遮住她的胳膊，她穿的衣服没有袖子。Pierre, dis-moi si Jean a les bras nus? 皮埃尔，告诉我让是光着胳膊吗？ Elle cassait du bois 她砍断了木头（用手势表示）et elle employait pour ça une hache 她用斧头（如果学生不知道这个词，并且不能马上理解，您可以给出翻译）; chaque fois qu'elle fait un coup de hache elle casse un morceau de bois. 她用斧头每砍一下，就会砍断一块木头。] *Elle était grande et bien faite, une fille de forêt, fille et femme de forestiers* 她身材高挑、匀称，是个森林女孩，守林人的女儿和妻子 [son père et son mari étaient des forestiers, ils avaient des emplois dans la forêt; et elle avait été élevée dans la forêt de sorte qu'elle appartenait tout à fait à la forêt. C'est ce qu'on a exprimé en l'appelant fille de forêt. 她的父亲和丈夫都是守林人，他们在森林里工作；她是在森林里长大的，所以她完全属于森林。这就是为什么我们称她为"森林女孩"。] *Une voix cria de l'intérieur de la maison* 屋里传来一个声音：

Nous sommes seules ce soir, Berthine, il faut rentrer 今晚只有我们，贝尔缇娜，你必须进屋 [il faut que tu rentres 你得回家了], *voilà la nuit* 天黑了 [il commence à se faire tard 现在已经很晚了]; *il y a peut-être des Prussiens* 也许有普鲁士人 [les Prussiens sont les habitants de la Prusse; ceci se passe pendant la guerre entre les Allemands et les Français—il y a peut-être des Prussiens 普鲁士人是住在普鲁士的居民；故事发生在普法战争期

间——可能会有普鲁士人] *et des loups qui rôdent* 和四处游荡的
狼 [qui vout çà et là ; le mot rôder s'emploie très souvent en
parlant de bêtes féroces rôder 这个词经常用来比喻凶猛的野兽].

　　J'ai fini, maman, répond la jeune femme, n'aie pas peur ;
il fait encore jour. "我干完了，妈妈，"年轻的女人回答道，"别害
怕，天还亮呢。"[Elle dit que la nuit n'est pas encore arrivée ; elle y
voit encore, et elle n'a pas peur, elle ; mais, du reste, elle a fini son
travail ; il n'y a plus de bois à casser. 她说天还没黑；她还能看见，
她一点也不害怕。另外，她干完活儿了，木头都砍好了。]

　　Puis elle ferma les volets 然后她关上了护窗板[les volets, ce
sont les pièces de bois qu'on applique sur les fenêtres pour les
protéger. Paul, dis-moi s'il y a des volets sur les fenêtres de cette
salle-ci? Il y en avait dans la maison dont nous parlons dans
l'histoire ; Berthine les ferma 护窗板是为了保护窗户而装在窗户
上的木板。保尔，告诉我这个房间的窗户上有护窗板吗？我们说
的这个故事中的房子上有护窗板；贝尔缇娜关上了护窗板]，
rentra, et poussa les lourds verrous de la porte [un verrou est
fait de fer, on le pousse pour empêcher d'ouvrir la porte.] 走进
来，插上了重重的门闩（门闩是铁做的，我们插上门闩是为了防止
门被打开。）*Sa mère filait auprès du feu.* 她的母亲正在火炉边纺
线。[为了解释 *filer* "纺线"这个词，可以做一个手势或者模仿纺
线时轮子转动的声音，也可用翻译作为辅助，也许还可以这样解
释：纺线，通过纺纱来得到线。]

　　Je ne suis pas tranquille, dit-elle, quand le père est dehors.
"我不放心，"她说，"你父亲不在家。"[Vous voyez que la mère a

plus peur, elle, que la fille. C'est que son mari n'est pas là. 你们看，这位母亲比她女儿更害怕，因为她的丈夫不在家。] *Deux femmes, ça n'est pas fort.* 两个女人不够强大。[Ce n'est pas beaucoup; c'est si peu de chose que deux femmes si les Prussiens viennent. 如果普鲁士人来了，两个女人确实势单力薄。]*La jeune répondit*, 年轻的女儿回答道，*Oh! je tuerais bien un loup ou un Prussien tout de même.* "噢！我也能杀死一只狼或者是一个普鲁士人。"

Et elle montrait du doigt un gros revolver suspendu au-dessus de la cheminée. 她指着挂在壁炉上的一把左轮手枪。[La cheminée, c'est là où on fait du feu. 壁炉是生火的地方。]

Son mari s'était engagé dans l'armée 她的丈夫参军了 [il s'était fait soldat 他去当兵了] *au commencement de la guerre, et les deux femmes étaient demeurées seules avec le père, le vieux Nicolas Pichon, qui avait refusé de quitter sa demeure pour rentrer en ville* 战争开始时，母女两人就被留在她的父亲老尼古拉·碧尚身边，父亲拒绝离开家回到城里 [refusé? Si tu dis à Alfred de te prêter son canif, il refuse s'il dit: "Non, je ne veux pas te prêter mon canif." On avait dit à Pichon d'aller en ville, mais il avait dit: "Non, je ne veux pas quitter ma maison"; donc il avait refusé("拒绝"是什么意思？ 如果你向阿尔弗雷德借他的小折叠刀，他说："不，我不想把刀借给你。"那他就是拒绝了。想要碧尚去城里，他说："不，我不想离开我的家。"那么他就是拒绝了。)].

La ville prochaine, c'était Rethel. On y était patriote 临近的城市是赫泰勒，那里的人们是爱国者 [vous savez que celui qui aime sa patrie, est nommé patriote 你们知道, 热爱自己国家的人叫爱国者]; *et les bourgeois* 市民们[les habitants de la ville 城里的居民] *avaient décidé de résister à l'ennemi* 决定抵抗敌人. *Tous—boulangers, épiciers, bouchers, menuisiers, libraires, pharmaciens, manœuvraient à des heures régulières* 所有人——面包店店主、杂货店老板、屠夫、木匠、书商、药剂师, 都在固定的时间操练[Tout le monde s'était fait soldats; le boulanger, c'est celui qui vend du pain; l'épicier vend des épices, du thé, du café, du chocolat, et mille autres choses; le menuisier fait des tables et des chaises; le libraire vend des livres; le pharmacien vend tout ce dont on a besoin quand on est malade—donc vous voyez que tous les hommes, de toutes occupations et de toutes classes, allaient manœuvrer tous les jours à une heure fixe 所有人都变成了士兵: 面包店店主是卖面包的人; 杂货店出售香料、茶叶、咖啡、巧克力和其他上千种商品; 木匠制作桌椅; 书商卖书; 药剂师在我们生病时卖给我们各种药物——所以, 你们看, 所有男人, 不论职业和阶层, 每天都会在固定的时间进行操练] *sous les ordres de M. Lavigne, ancien sous-officier de dragons* 在前士官拉威尼先生的指挥下 [il n'était plus sous-officier, mais il l'avait été; c'est ce qui est indiqué par le mot ancien 曾经是士官, 但是现在不是了, 所以用"前"这个词来形容], 等等。

最好能在上课一开始就预习下一节课的内容, 此时教师和学生们精力最充沛, 而且肯定有充足的时间; 如果要在一节课结束前预习下堂课内容的话, 教师可能会因为时间仓促而无法在下课铃响之前完成一定的教学进度。在预习时, 教师可以让学生们看课本,也可以要求他们合上课本。让他们合上书更好,因为这样学生们才可以更加专注地听老师讲课;因为他们必须全神贯注地听教师说的每个词语,跟上教师的每个动作。毫无疑问,此时,教师最好能一边解释,一边将每个生词写在黑板上,解释完所有内容之后,他可以自己大声朗读课文(不用停下来解释),也可以请一名学生朗读,并就此结束预习。然而,教学中始终采用某一种教学方法也不好;如果课文很简单,只有几个新词,就可以让一名学生立即大声朗读(读得慢一些,不要着急!),有不懂的地方,他可以随时停下来提问。如果一句话中有两三个生词或其他要问的问题,就必须把整个句子连贯地、不停顿地重读一遍。最后,如果有必要,教师可以让一名学生用他自己的母语对课文内容进行翻译,以进一步巩固学习成果;无论如何,要用这种方式组织课堂教学,直到全班同学都非常习惯这样上课。

在此我要提议,在上新课的时候,教师可以给出正常的词序并进行解释,以减轻诗歌中特殊的词序或表达对学生的语感可能造成的干扰。比如,“And everybody in the house on tip-toe has to creep”可以先按这样的顺序解释:“And everybody in the house has to creep on tip-toe”(而且房子里的每个人必须蹑手蹑脚);再比如,可以把 at eve 这一表达式改写成 in the evening。那么,当学生在课本上看到打乱的词序和非常规表达时,他就会理解这是诗歌体裁所造成的。因此,他就不会想去模仿它们;假如他在以后的练习中这样用了,教师一定要纠正他,因为没有任何理由让学生练习常用语言之外的东西。但是,理所当然,我在自己的为英语初学者编写的教科书中使用诗句时,总是试图找到那些与正常的语言形式相差无几的诗句作为教学内容。

第六章 翻译是考查学生是否理解的一种手段

　　有关翻译作为一种向学生解释外语的手段（第五章所说的 a 方法），我们得出了以下结论：翻译并不是唯一的也不是最好的方法，应该少用；任何情况下，都没有必要把整个相关的段落都翻译出来，只需要偶尔翻译出某个单词，或者，最多翻译出某个句子。然而，这一调查研究让人们了解了我们接下来要提出的观点，即翻译是一种考查学生们是否理解所学外语的手段（第五章所说的 b 方法）。

　　在这里，观察法也可以取代翻译。听从教师 *montre-moi la fenêtre*（给我指一下窗户）的指令而指窗户的学生，已经通过指窗户的动作表明他跟用"窗户"回答出"*fenêtre* 是什么意思？"的学生一样理解了"fenêtre"这个单词的意思。同样，当教师给某位学生看一张图并且提出 *où est le chapear du garçon?*（那个男孩的帽子在哪儿？）*où sont ses souliers?*（他的鞋子在哪儿？）*vois-tu le toit de la maison?*（你看到房子的屋顶了吗？）等问题，或者，某位学生能够执行诸如 *prends la craie*（拿起粉笔）、*lève-toi*（站起来）、*assieds-toi*（坐下去）、*donne-moi ton livre*（给我一本书）、*prends le livre de Jean et donne-le à Henri*（拿一下让的书，把它给亨利）等指令——尤其当他用教师希望他们使用的词语准确做

出 *voilà la fenêtre*（这是窗户）、*voilà le chapeau du garçon*（这是
男孩的帽子）、*voilà la craie*（这是粉笔）、*je me lève*（我站起来）等
回答时，说明他理解了相关词语的意思。如果学生能够用法语做
出明智的回答，那么毫无疑问他已经理解了这个用法语提出的问
题；或者，如果他可以复述他所听过的或读过的故事（用英语复述
也可以，但更推荐用法语），那么也可以断定他已经理解了这个
故事。

　　毫无疑问，教师在想知道学生们是不是已经弄懂了布置给他
们在家学习的那些新内容时，他最愿意让学生们去翻译。但即使
是在这种情况下，如果教师在布置新内容（上文所说的）时已经细
致、生动地讲了一遍，并持续地吸引了学生们的注意力，以至于整
个过程不仅仅是教师唱独角戏，那么通过翻译来考查学生就不是
那么必要——如果之前根本没有讲过，或者教师只是快速地翻译
了一遍，那倒是有必要通过翻译来考查学生。教师常常会发现，只
要针对材料中的某个要点不时地提出一个问题就足够了，特别是
对于这样的材料：该材料可用来做下文将要说到的练习，而这些练
习会直接或者间接地表明学生们是不是已经理解了所学内容。

　　但是，让我们假设教师仍然坚持让学生们翻译所选材料——
当然，在教师还不能很好地消化吸收这种新的教学方法时，偶尔改
变一下总是一件好事。那么，对他而言，最好的方式就是在学生大
声朗读完这篇文章之前立即要求他们翻译。这是考查课文有没有
被及时掌握的最可靠的方法，因为学生大声朗读课文时来不及认
真思考如何翻译，另一方面，当他用外语朗读时，他也不会被不相
关的念头（这些念头是通过母语进行思维的）所干扰。除此以外，
教师必须明白，翻译并不是这堂课上最重要的事情，因此要尽可能

少占用教学时间。教师必须要求学生快速做出翻译,也没有必要用学究式的严格态度去批评他们的英语表达。一旦清楚学生们已经完全理解了,教师最好随口给出正确的英语翻译,而不是浪费时间让学生自己去寻求正确的译文。

不地道的表达方式、构词、词序大可被忽略;只有不在意这类问题,它们才不会像把翻译当成唯一的教学手段那样给学生的英语带来更多的干扰。万一遇到非常蹩脚的表达方式,教师可以跟学生们一起开怀大笑,可以说:"好吧,你给我们的翻译不是最好的英文,但是意思已经非常清楚了,这里我们所关心的是,你是不是理解了这段法语材料,你确实理解了。当然,我们也知道,你是永远不会真的用母语说出或写出这样的话。"在我看来,在口头翻译练习中,对英语关注到这个程度就可以了,无须更多——在法语或者德语课上,我们越少使用自己的母语,我们的母语就越不容易受到污染;在这些课上是学不到地道的英语的,教师必须尽量少给自己和学生提供使用蹩脚英语的机会。

如果高年级的学生能从偶尔进行的翻译练习中获得乐趣,并有所收获,那就另当别论了。那么,这类翻译练习必须有所选择,好让外语和英语之间有比较大的差异,当然,这并不是说所选的材料本身要难懂。如果学生们不是每天都忙于翻译,而是自由地运用外语,那么,翻译就是寻找最好、最贴切的英语对应说法的一场角逐,对学生们来说,这是一个极好的竞技项目。因此,这样的翻译练习与现在普遍流行的视觉翻译(其主要目的是为了测试学生的词汇量)几乎没有什么差异。我所认为的翻译练习应该按照以下原则组织实施:向全班同学大声朗读所选材料;如果所选材料中有生词,那就按前面我们介绍的方法进行解释,如果要翻译,或许应该给出五六个英语对译词供选择（就像词典一样）；接下来，（在有教师监督的课堂上）学生们写出他们的翻译，然后由教师大声朗读并进行比较，这样，学生们自己就可以判断：谁的译文最接近原文；译文在既考虑到了每一处细节又不流于烦冗方面是不是做到了最好；或者，译文在核心主旨和声韵和谐方面是不是能够与原文相媲美，且每个细节是不是都得到了体现，等等。简言之，这样的练习并不是为了考查学生们的外语知识，而是为了让他们了解翻译艺术必须要克服的困难；同样的道理，有时可以让学生们试着对一首诗按韵文格式进行翻译，但这可能只有在所有参与者都愿意参与的情况下才可以进行。这类材料可以从那些已经有优秀译本的诗歌作品中选取，这样就可以拿现成的优秀译本来跟学生的翻译进行比较了。[①]

教师精心完成的那些充满艺术性的翻译练习，会帮助较高年级的学生清晰地感知作为人类思想表达工具的语言中最细微的变化——但是不推荐把这类练习当成日常语言教学的主要练习形式，尤其是对于初学者。

在平常的语言教学中，许多情况下让学生翻译是多余的。如果阅读材料像期望的那样简单，那么每节课都会有一些句子，其中的词汇和结构没有丝毫难度。在其他一些句子中，难点仅仅来自于某个生词，但是如果教师愿意立刻花几分钟时间让学生了解一下新词，那就没有必要翻译那些句子了。正如我们所知，很多句子理解起来毫无困难，但仍然很难翻译；如果学生知道 *schwören*（发誓）的意思，他就能很容易地理解"er hat hoch und teuer geschworen"（他

---

① 作为这些练习的开始，教师可以对部分歌德诗歌的几种不同翻译进行比较，比如，在不同版本之间进行比较，将译文和原文进行比较。

郑重地发誓),但是对他来说,找到翻译副词的最佳方式就不那么容易了,而且把时间浪费在副词上实在是毫无意义。

最后,阅读材料中可能仍有一两个非常复杂的句子,教师如果为了节省时间不愿意自己翻译整个句子的话,可以把它们单独拎出来让学生们翻译。通过让学生用外语解释词语来检验他是否理解了每个词语是不现实的,除非是在有限的范围内;这可能只对那些聪明的高年级学生有用,因为只有对那些高年级的学生,用外语解释词语才不一定会退化为仅仅是用来记住词语定义的方法。因此,这种方法更适合在大学教学中使用,而不适合在中小学语言教学中运用。

如果现在有人提出,将翻译作为检测学生对所读内容是否理解的教学法用得很少,甚至在很多课上完全不用,远不如按照传统教学法一遍遍地翻译整堂课的内容那么令人满意,而且教师也因此无从了解学生已经理解了什么,不理解什么。我的回答是,首先,学生们对他们用旧方法翻译过很多次的课文的理解往往是很差的;最令人难以置信的粗心大意会因为多次翻译而变得难以察觉,以至永远地存在下去。其次(这一点更为重要),只要运用得当,新方法可以提供如此多样的方式让学生开口说外语,并考查他们对语言和所读内容理解的深入程度,以至于教师可以很容易地判断出他们是否掌握了所有重要内容。在下面针对应该如何引导课堂教学的描述中,对这一点还会清楚地进行说明。

必须大声地朗读选文。在所有情况下,最好先由教师来读。当然,教师前一天第一次上课时已经读过这些内容了,但是他当时读得比较慢,不时还会停下来进行讲解,等等,因为这些内容对学生们来说是全新的,有必要让他们理解课文的意义。而现在,教师可以读得很快，很流利，要读得富有感情，也就是说，以一种生动而自然的方式进行朗读。然后，请学生（们）也这样读。一开始，教师必须自己读一句，让学生趁着记忆犹新跟读一句。稍后，教师便可以朗读更长一点的段落，这些段落可拆分成不太短的几个部分让学生跟读。教师不能对学生的朗读太过严苛；不过，读得结结巴巴，在不该停顿的地方停顿，或在必须要有自然停顿的地方不停顿，都不可以容忍，一次都不行。即使是对初学者也应该要求他们自然、连贯地朗读每一个句子；即便要重复很多次，教师也要不厌其烦地去做。在最初的几个月里，教师在这方面注意得越多，以后就越容易要求学生们读得好——也就是说，读得声情并茂，容易听懂。除了能够练习发音，大声朗读对外语教学还有其他的好处。米尔顿（Milton）曾说过，从朗读课文的方式就能听出来朗读者是不是理解了内容。真正优秀的朗读者能够通过最微妙的方式表明他对内容的理解程度，相反，通过朗读时的迟疑态度和错误的重读等，耳尖的教师不难发现学生对他所朗读的课文中不理解（或者没学会）的东西——然后，教师便可以揪住他，让他的知识缺漏暴露无遗。如果其知识漏洞被补上了，他当然一定比第一次读得更好。按不同角色朗读（或背诵）对话总是很有趣，可以很容易地成为激发学生绘声绘色地进行朗读的手段。

　　齐声朗读也不该被忽视。其优点是能够让全班同学都读起来，这样，跟单独朗读相比，学生在外语发音方面就会得到更多的练习。当然，教师不能像一次只听一个人朗读时那样严格地纠错，但是他也决不会放任错误；经过练习，教师能够学会在齐声朗读中发现个别错误，他甚至能大致确定错误来自哪个方位，然后他就可以让有读错嫌疑的学生（们）单独朗读他们感到困难的部分。语言教学中的一个类似性质的辅助手段是唱歌。如果教师懂得如何能让他的学生们学会唱读本中的一些歌曲，那么他就会发现：这种课堂合唱不仅有益于学习，也能活跃课堂气氛；单词更容易记住，发音也会得到改善。很多年前，帕西已经把唱外语歌作为外语教学的一种手段。唱外语歌在斯德哥尔摩著名的帕尔格伦斯克·萨姆斯科拉学校（Palmgrenske samskola）和一些德国学校中都发挥了重要的作用，近几年来也被一些丹麦教师欣然应用于教学实践中。有几次，因为隔壁班的老师对他们上课时间唱歌表示出了不满，为了唱外语歌，学生们甚至放弃了一部分课间休息的时间。

　　一个学生背诵某篇课文的遍数越多，他对单词尤其是词组就记得越牢。事实上，已经有人尝试以此经验为基础建立起一整套教学体系，比如，普法伊尔（v. Pfeil）的那本名为《如何才能最快最好地学一门语言？》（*Wie lernt man eine sprache am leichtesten und besten? Breslau*, 1884）的有趣的小册子，以及他的其他一些著作，特别在他的《一个人——对家庭教育的贡献》（*Eins—Beiträge zur erziehung im hause*, 3rd ed. Leipzig, 1879）中还提出了其他一些有价值的教学主张。他的教学方法很简单：不讲语法；不从母语翻译；一次只学一门语言，然后按照下面的方式全速学习（通常每周学习六个小时或者更长时间）。从一开始，需要选取一位作家的作品；同一篇文章（先从几行开始）先由教师大声朗读，再让学生朗读（如果有必要，可以读好几遍），随后教师一个词一个词地进行翻译（"要完全忽略德语的句子结构；我不允许将特有的表达方式翻译成地道的德语"），然后学生以相同的方式进行翻译，接下来，让学生在这节课上把文章朗读两遍以上，下一节课开始时再朗读一遍；最后，学生要在每周一把上一周所学的全部内容大声地朗读一遍，不仅如此，以这种方式分段学完整本书或者书中的大部分章节后，也要让学生进行连贯的朗读。只要不至于误解，就可以省去翻译，对简单的句子则完全不用翻译，只需按规定次数朗读就可以了。在反复诵读这些外语句子的过程中——学生们理解了它们的意思后至少要读四遍——这时，母语就从一定程度上自动退居幕后，而外语的表达形式就牢牢地扎根在记忆中了。迄今为止，按照法伊尔自己的说法，采用这套教学方法，在学习和教学两方面，短期内都取得了良好的效果——我们为什么不相信他呢？——当然，他只是在一对一的教学中使用了这套方法，并没有在课堂教学中尝试过。自发地应用以这种方法学到的语言材料的冲动在很早的时候就已经出现了。为说明这一点，普法伊尔讲述了一个三十二岁学生的故事。这名学生从小在一所乡村学校接受教育，此前从没有学过任何一门外语，但是经过十节课的学习，他就用意大利语在八开纸上给法伊尔写了一封长达四页的信，虽然表达不是非常准确，但却十分清晰明了。

也许你会说，这种方法非常沉闷，也很死板。哦，的确如此——但是，多次大声朗读有些道理的内容——且这些道理是你能够理解的——真的比重复翻译一些言之无物的内容更无聊吗？更不要说老套的教学法灌输给学生的那些无聊的东西，比如冗长的语法讲解，等等。但是，我也决不想大力推荐普法伊尔的方法，无论如何，它都不是以学校教学为目的的；这种方法过于单一，另外一种更灵活多样的教学方法可能具有同样的、甚至更明显的优势。我们已经注意到，我先前提出的教学建议与普法伊尔的教学方法之间存在一些偏差；这里，我只想提请注意那些我们可以从中学到的东西:首先,我们必须尽快放弃翻译,因为很明显它是多余的;其次,如果不经过大量的重复,我们最重要的教学目标——外语特有的表达形式要给学生留下非常深刻的印象,以便他们在需要时能够用得上——就不能实现。

在最开始的几节课里,让学生们听清楚发音并重复这个发音非常重要,因为重复不仅对练习发音十分必要,而且也有助于加深对句子的印象;教师必须确保学生们在开始练习发音前就知道每个句子的意思,并且没有忘记,这样,词语就变成了没有任何意义的声音单位。[①] 我编的法语入门教材《山羊》(*La chèvre*)[②]很符合这一要求;里面对同一个句子多次重复,但并不令人厌倦,而且句子富有节奏和韵律,读起来朗朗上口。

当然,以后就没有必要仅仅为了练习发音而重复很多遍了。教师可能会要求学生们将课文内容牢记于心;但是,这样做可能会带来这样的危险:课文可能会被当成一连串生硬词语的堆砌去学习、记忆,而不考虑它们有什么意义,尤其是教师每次都这样要求的话。不过,每半年,或者更频繁一些,给学生布置一篇课文让他们背诵,就会很有用;可以让他们自己选择一篇已经读过的文章,然后让他们用标准的发音和正确的语调进行背诵,不能只做鹦鹉学舌般的模仿! 但除此之外,重点是让学生们一遍一遍地去背诵课文,这样他们就不会忘记课文的意思,就能对课文滚瓜烂熟,以至于最后不用死记硬背就能把课文内容大致背下来或者一字不落

---

① 作者在这里想表达,只有当学生们充分理解句子的意义并且牢记在心,他们才不会分心去思考这些句子的意义,这样才可能把注意力放在发音上。如果学生并不知道句子的意思,那么在练习发音时,他们就不可能做到心无旁骛。——译者

② 有点像"杰克建的房子"(The House that Jack Built),请听这里的音乐。

地背出来。与此同时,还可以引导学生们用自己的话而不是按照
课本说出很多东西,这样,不知不觉中,他们就做好了可以用外语
说一些东西的准备。

　　教师可以把一天的教学内容切分为一个个句子,由他领读,学
生跟读。大家都合上课本,教师说某个句子时,没有人知道会叫谁
来跟读。用这种教学方法(此方法也适用于我后面建议做的练习),
教师一定不要让学生因为知道下一个跟读的是其他人(而不是自己)
而开小差;整个过程中每个人都有可能被叫到。因此,可以这样进行:

　　教师:Les abeilles ressemblent aux mooches(那 些
蜜蜂像苍蝇);皮埃尔,你来重复。

　　皮埃尔:Les abeilles ressemblent aux mooches.

　　教师:让,你再说一遍。

　　让:Les abeilles ressemblent aux mooches.

　　教师:Mais elles ont un aiguillon(可是它们有一根
刺);查尔斯,重复一下。

　　查尔斯:Mais elles ont un aiguillon.

　　教师:Et elles piquent très fort quand elles sont en
colère(它们生气的时候会很用力地蜇人);阿道尔夫,重
复所有这些内容。

　　……

或许,也可以变化一下,让第一位跟读的学生再指定一位同学来
跟读。

　　顺便提一下,我总是在最开始的某次课上立即给每位学生起法
语名字。这些名字写在黑板上(当然用音标来写,参见下文),很快

就被学会了；一般来说，这些名字是姓氏之外的名字的翻译，有时是一个昵称，等等。这会让学生们很开心，而教师得到的好处是可以在法语句子中用学生的法文名字，而不会使法语的连续性遭到破坏。

其他类似的方法还有：学生 A 大声朗读，每读完一句，由教师或者学生 A 自己指定某个人跟读。或者，教师大声读完一句，说："朱勒，翻译一下。"朱勒翻译完之后，教师又说："保尔，用法语重复一遍。"这样就比让同一名学生先翻译再用法语说效果好，因为任何人都不需要从一个发音系统突然转换到另一个发音系统。或者，也可以这样做：把一篇材料完整地读完之后，教师把它翻译成英语，一次翻译一句，然后让学生用法语来表达相同的意思。当然，这是诸多方法中最难的一种，应该慎用，因为这很容易诱使学生通过英语翻译（即根据英语去建构他们的法语）而不是根据所给的法语内容重新组织语言，因此我们会面临将母语翻译为外语的老式翻译方法通常会带来的所有风险（参见下文）。所以，最好只是偶尔做一做这种练习，而且，只有在学生们对教学材料十分熟悉，熟悉到对其法语形式几乎烂熟于心时才去做。这些练习的另一种形式是，让全班同学一起跟读，而不是让某个学生单独跟读。

如果学生们开始跟不上了，说明班里的学生还没有完全熟悉课文，最好的做法就是对学生们说："好吧，现在一起把课文读三遍，然后我们要跟以前一样从头开始复述，不看书。"用不了多久，教师就可以看到学生们不完全按照课文去复述的好处了；这样，他就不会因为学生不假思索地脱口而出在家背会的东西而误以为他们掌握了全部课文——当然，细心的教师很容易通过学生复述的方式识别出哪些是他们背下的东西。但复述的内容如果跟课文偏差太大，也是不可取的；完全不按课文进行复述很容易导致混乱，也容易带来远离我们亟待解决的问题——让学生彻底熟悉课文——的危险。这里我将举例说明，刚刚使用过的句子可以允许有的一些变化：

> Une abeille ressemble à une mouche 一只蜜蜂看起来像一只苍蝇（L'abeille ressemble à la mouche 这只蜜蜂看起来像苍蝇）mais elle a un aiguillon 但它有一根毒刺｜et elle pique très fort quand elle est en colère 它生气时会狠狠地蜇人。

这两句可以改成：

> Les abeilles ressemblent beaucoup aux mouches 蜜蜂与苍蝇非常像｜mais elles ont un petit aiguillon, et elle pique fort...但它们有一根小小的毒刺，会狠狠地蜇人……

或许还可以改为：

> les mouches ressemblent aux abeilles 苍蝇看起来像蜜蜂｜mais elles n'ont pas d'aiguillon 但它们没有毒刺｜et elles ne piquent pas comme les abeilles 而且它们不像蜜蜂那样会蜇人。

最好不要一开始就偏离所学内容太远。如果学生复述时与原文出入较大，那么就经常得让学生去翻译教师造的外语句子，不这样做就不知道全班是不是都听懂了。[①] 在这些练习以及问答练习中（见下文），最重要的是不要超出学生的接受程度，否则会让他感到害怕并丧失信心，这样他就再也不会在语言的大海里自由遨游了。

迄今为止，我们一直假定学生们会口头复述听到的内容；如果

---

① 有时候，课本中就包含了整篇文章的双语内容；或者，偶尔也需要教师自己选其中的一段来进行改写（写在黑板上）或者复述。

把听到的内容写下来,我们就是在做听写,听写是一种不容忽视的练习,可以以不同的方式进行,有时可以采用我们前面提到的那些方法。可以是教师说句子,也可以让一名男生大声读句子;一遍就够了,不过教师也可以说两遍,或者自己先说一遍,再让一名学生跟着说一遍,然后把这个句子写下来;这个句子可以是从读本里摘选出来的(第一阶段),也可以是从读本里挑出来,但稍做了改动的(第二阶段),或者是全新的(仅用于高年级学生);①听写的内容可以写在黑板上,也可以写在抄写板(专门练习书写用的小石板)上;可以让一名学生到黑板前听写,其他学生在抄写板上听写;有时,可以让学生们自己纠正错误;如果黑板上有足够的空间,可以让几名学生同时听写相同或不同的内容。听写时,可以要求学生用音标(参见下文)书写,也可以要求他们用拼写方式来书写,或者,可以让一名学生用音标书写,让另一名学生用拼写方式来书写,之后对这两种书写方式进行比较。

最后,听写可以和我稍后建议的几个练习配合使用。可以口述一个问题,要求学生们把问题和答案都写出来;也可以口述一个第一人称的句子,要求学生们把句子变成其他人称,等等。听写的优点在于:训练学生迅速而敏锐地理解所说的单词,为教师提供了一个考查每个学生对课文的理解的有效手段;学生们通常会牢记他们曾经写过的内容。但是,跟所有课堂上的书面作业一样,听写的缺点是,比起口语练习,它往往要花更多的时间。对于一个现代语言教师来说,把时间耗费在难啃的听写上当然有失身份。

---

①　即使对高年级学生也要最低程度地使用全新的内容,因为一定要记住,这样并不会使学生学到任何新的东西,而只是考查了他们已经学到了什么;并且,根据我们的经验,学生所犯的错误很容易因为被写下来过而在记忆中扎根,并且不会因为教师的纠正而移除。

第七章　练习和有意义的练习

　　这里,我要谈谈形式多样的练习。在这些练习中,学生们要用外语说出一些他们在课本中没有见过、近期也没有听其他人说过的内容。其中首选的、也是最容易做的一个练习就是算术练习。不过,这里我必须先对数词做一点概括。在我们的学校,我们经常会发现一些学了好几年法语的学生对法语的数词并不十分熟悉;他们在日期方面有很大的困难。造成这种现象的原因是什么? 当然,法语的数词很难,比德语要难;不过,法语的动词也比德语的难,所以,难并不是这类词语困扰学生们的唯一原因。不是这个原因,原因很简单。试想一下,如果一本法语读本刻意做了编排,让课文中不出现一个法语形容词,而是让"good"(好)、"ugly"(难看)、"dazzling"(令人眼花缭乱的)、"white"(白)这样的英语单词混杂在法语词语之中,那么学生们还能学会法语的形容词吗? 但这不正是我们在数词的教学中所做的事情吗? 在法语课文中出现"1888"或者"eighteen hundred and eighty-eight"(1888)没有区别,不管是哪种写法,学生在大声朗读时,都得把英文翻译成法语。几乎没有翻译法语数字或理解法语数字的练习;就这类词语而言,用的是最糟糕的翻译方法,即要求学生自己按照一定的规则构建外语表达,而在此之前他们并没有足够的机会看到、听到外国人是如何表达的。我们可以确信,只有那些最勤奋、认真的学生才会在课前预习时,苦苦思索应该如何读出 1793。

这里我们要提出一点,要做到这一点,改革是必需的,并且非常容易实现。那就是:让阿拉伯数字从所有为初学者编写的外语教材中消失,只要这些教材中包含足够数量的完整写出的数字——尤其是教师按这里推荐的方法用大量简单的算术题对学生进行大量训练的话——我们就会发现,当学生达到能够抛开课本去阅读文学作品的水平时,他们就能毫不费力地流利、准确地朗读他们遇到的所有数字。

在最初的阶段,经过一两个月的教学,教师就已经可以开展算术练习了,因为这些练习不需要对语言十分精通;它们不仅能让学生练习数字本身,而且还能加强学生对外语单词和发音的理解。正如上文所建议的那样,要向全班提出问题,然后教师指定一名学生回答——可以通过点名,也可以只是通过眼神示意;学生的回答中必须包含老师所问的问题。比如,可以像这样问答:

　　教师:Deux fois six,combien,Henri?(2 乘以 6 是多少,亨利?)

　　亨利:Deux fois six font douze.(2 乘以 6 等于 12。)

　　教师:Répète,Jean.(让,重复一下。)

　　教师:Trois et neuf font,Alfred?(3 加 9 等于多少,阿尔弗莱德?)

　　阿尔弗莱德:Trois et neuf font onze.(3 加 9 等于 11。)

　　教师:C'est faux,n'est-ce pas,Louis?(错了,是不是呢,路易斯?)

　　路易斯:Oui,trois et neuf font douze.(是错了,3 加

9 等于 12。)

或者,教师这样问:

　　Est-ce, Louis?(对吗,路易斯?)/Est-ce bien ça,
Louis?(对不对,路易斯?[①])

除此之外,还可以设置计算具体金额的算术练习,尤其是以下这种可以让学生熟悉外国货币的练习:

　　deux francs, combien de sous valent-ils?(两个法郎值多少苏?)

　　trois sous, combien de centimes?(三苏等于多少生丁?)…;

或者是复杂一点的运算:si une poire coûte trois centimes, combien cinq poires?(如果一个梨三生丁,那么五个梨多少钱?)或者,又比如:deux œufs à deux sous et trois pommes à un sou, combien ça fait-il?(两个鸡蛋两个苏,三个苹果一个苏,一共多少钱?)教师无须担心要花好几节课来做这样的练习,因为这之后,他只要时不时地花上几分钟时间让学生们在课堂上练习就可以了。因为这种练习并不是为了教数学,所以最好只用简单的问题,主要是加法和乘法。当然,也可以改变形式,让一名学生提问,另一名学生回答。

　　复习词汇时也可以适当地对数词进行复习,可以让学生们按一定顺序数数儿,这样每个学生都得去想以前课堂上没有用过的数字;他们不甘落后的样子,常常会让人感到有趣。经常会发生这

　　① 这是教师可以选择使用的问题。句子中的"Est-ce"在现代法语中已经不太使用。——译者

样的情况：一名刚说了"不知道"的学生，在他的一位同学提到以前没学过的某个单词时，会突然想起一连串的词语；一个想法往往引出与之相关的另一个想法。学生们还必须注意法语中数词的词形变化，法语中的数词会根据后面所跟元音、辅音的不同而发生词形变化。

很少出现这样的情况：一名学生把一个不能放在数词后面的词语，比如 *venir*（来）、*bonsoir*（晚上好）或 *trot*（马跑）放在数词后面。如果出现这样的情况，就表明他不知道这个词语的意思，全班同学会哄笑起来。但是，世界上最容易的事情莫过于从说话方式上就能听出来这些话是不是真的被理解了；而且，如果怀疑学生没有真正理解，教师可以突然叫他进行翻译；但这通常是多余的，因为学生们只会用他们理解的词语，不过，复习一下这些单词对他们也有好处。

最重要的一个练习方式是把已经读过的选文改造成问答练习。教师可以很早就开始做这样的练习，但他必须从一开始就严格要求学生们用完整句来回答问题。我们不需要这种有失体面的做法：只要学生只能用 Oui, monsieur（是的，先生），Non, Monsieur（不是，先生），或者其他一些同样巧妙的方式回答出问题，就放任他们这样去做。为了详细说明我所说的这种练习，我以自己编写的《法语读本》（*French Reader*）中一篇最初级的课文为例：

　　　Enfant gâté.（被宠坏的孩子。）

　　　Veux-tu du pâté?（你想吃砂锅肉吗？）

　　　Non, maman, il est trop salé!（不想吃，妈妈，砂锅肉太咸了！）

　　　Veux-tu du rôti?（你想吃烤肉吗？）

Non, maman, il est trop cuit!（不想吃，妈妈，烤肉烤焦了！）

Veux-tu du jambon?（你想吃火腿吗？）

Non, maman, il n'est pas bon!（不想吃，妈妈，火腿不好吃！）

Veux-tu du pain?（你想吃面包吗？）

Non, maman, le pain ne vaut rien!（不想吃，妈妈，面包不好吃！）

Enfant gâté, tu ne veux rien manger,（被宠坏的孩子，你什么都不想吃，）

Enfant gâté, tu seras fouetté!（被宠坏的孩子，你要挨打了！）

下面是基于上述内容设计的问题，[　]中是学生的回答：

Es-tu un enfant?（你是一个孩子吗？）

[Oui, monsieur, je suis un enfant.]（是的，先生，我是一个孩子。）

Es-tu un enfant gâté?（你是一个被宠坏的孩子吗？）

[Non, monsieur, je ne suis pas un enfant gâté.]（不，先生，我不是一个被宠坏的孩子。）

L'enfant gâté veut-il du pâté?（被宠坏的孩子想吃砂锅肉吗？）

[Non, monsieur, il ne veut pas du pâté; 或者：l'enfant gâté ne...]（不想吃，先生，他不想吃砂锅肉；或者：被宠坏的孩子不……）

Veut-il du rôti?（他想吃烤肉吗？）

[Non, monsieur, il ne veut pas du rôti.]（不想吃，先生，他不想吃烤肉。）

Veut-il du pain?（他想吃面包吗？）

[Non, monsieur, il ne veut pas du pain.]（不想吃，先生，他不想吃面包。）

Veut-il du jambon?（他想吃火腿吗？）

[Non, monsieur, il ne veut pas du jambon.]（不想吃，先生，他不想吃火腿。）

Pourquoi ne veut-il pas du pâté?（他为什么不想吃砂锅肉？）

[Parce que le pâté est trop salé.]（因为砂锅肉太咸了。）

Pourquoi ne veut-il pas du jambon?（他为什么不想吃火腿？）

[Il ne veut pas du jambon parce qu'il n'est pas bon.]（他不想吃火腿，因为火腿不好吃。）

Pourquoi ne veut-il pas du rôti?（他为什么不想吃烤肉？）

[Parce qu'il est trop cuit.]（因为烤肉烤焦了。）

Pourquoi ne veut-il pas du pain?（他为什么不想吃面包？）

[Parce que le pain ne vaut rien.]（因为面包不好吃。）

Qu'est-ce qui est trop salé?（什么太咸了？）

　　[C'est le pâté qui est trop salé.]（砂锅肉太咸了。）

　　Qu'est-ce qui ne vaut rien?（什么不好吃？）

　　[C'est le pain qui ne vaut rien.]（面包不好吃。）

　　Qu'est-ce qui est trop cuit?（什么烤焦了？）

　　[Le jambon est trop cuit.]（火腿烤焦了。）

　　L'enfant gâté sera-t-il fouetté?（被宠坏的孩子会挨打吗？）

　　[Oui, monsieur, il sera fouetté.]（会的，先生，他会挨打。）

　　Pourquoi sera-t-il fouetté?（他为什么会挨打？）

　　[Parce qu'il ne veut rien manger.]（因为他什么也不想吃。）

　　Va-t-on chercher le bâton pour taper l'enfant gâté?（你会找根棍子去打那个被宠坏的孩子吗？）

　　[Oui, monsieur, on s'en va chercher le bâton pour venir taper l'enfant.]（会的，先生，我会去找根棍子打这个孩子。）

　　由此可见，一篇简单的小短文可以引出大量的问题，尤其在语言学习初期，教师要向学生们提出尽可能多的问题，以使他们适应这样的练习，从而机敏而流畅地回答问题，这一点十分重要。任何在教材中看到这些问题的人可能会认为，这些问题形式单调并且会占用大量的时间；但是在做过一些练习之后，不管是对教师还是对学生来说，这种练习确实可以非常快速地进行。对于初学者，教师在提问时最好不对课文中的用词做大的改动，这样就可以让学生在回答问题时能基本上原封不动地使用课文中的词语。做这种练习时不能指望学生们已经把整篇课文背下来了,不过这种练习本身往往会使他们彻底熟悉课文内容。为了给学生们信心,也为了不一下子提出太多的要求,在前几节课上,教师采用提问的形式来串讲课文时,可以允许学生们把书打开,这样他们就可以在想不起怎么回答时在书里查找答案了。然后,可以要求学生们合上书,在不看课文的情况下,做出跟之前完全相同或基本相同的回答。当然,前几次做这样的练习时,教师也可以依次向几个学生问同一个问题;在第一次做这种练习时,教师还可以把一些问题和相应的答案写在黑板上,好让全班同学知道练习如何进行。

即使学生们通过练习记住了课文,他们对教师的提问所做的回答也不会变得机械,因为他们得考虑提问的形式,然后思考答案中应该包含什么,以及该如何遣词造句。当然,如果学生们自行对书中的用词做了少许改动,比如用一个代词替换了一个名词等,教师应该感到欣慰,但是最好不要过早地鼓励学生对课文进行较大幅度的改动。前面所举的例子中的最后一个问题,是根据之前在同一本书中读过的一篇文章改写的,它展示了在最初的教学阶段中教师如何通过与之前所学的知识建立联系来改变某一天的练习。学生们会很乐意回答这样的问题,一部分原因是他们见过这个问题,另一部分原因是他们能有机会熟练运用该语言。随着时间的推移,教师越来越能不按课本上的内容去问问题。比如,教师可以用课本上的词语问学生有关他们个人的一些情况,或是问他们在法语课以外感兴趣的事情。如果他们正在学含有单词 *roi*[①] 和各国名称的段落,教师可以问 "Comment s'appelle le roi

---

① 法语,roi:国王,阳性名词。——译者

d'Angleterre?"（英格兰国王叫什么名字？）、"notre roi?"（我们的国王呢？）或者"Qui est roi d'Espagne?"（谁是西班牙的国王？），等等；还有，为什么不可以问"Comment s'appelle le roi de France?"（法国国王叫什么名字？）这一问题呢？

　　一开始只是教师提问，过不了多久，教师就可以改变方式，让学生们互相提问；这样，他们就能学着用疑问句式造句，在语言的实际运用中，能够用疑问句问问题，对他们来说跟能够回答出问题同样重要。德国的学校有一套与语法类型有关的常规练习系统：对于课本中给定的句子，学生们要先针对主语提问，再针对动词提问，然后针对宾语提问，依此类推。比如，给出的句子是 *La mère de Gribouille a cassé sa marmite*（格里布依的妈妈把自家的锅弄坏了），教师要求针对主语提问，学生 A 就会问学生 B"Qui a cassé la marmite?"（谁把锅弄坏了？）或"Qui est-ce qui a cassé la marmite?"（是谁把锅弄坏了？）；要针对动词提问，就是"Qu'est-ce qu'a fait la mère de Gr. ?"（格里布依的妈妈做了什么？）；或者，针对宾语问："Qu'est-ce que la mère de Gr. a cassé?"（格里布依的妈妈弄坏了什么？）。为了帮助初学者解决语法难点，可以在黑板上写下若干句子，把不同的句子成分用不同的下划线标记出来。然后，教师可以让一名学生把读过的一篇文章中的所有句子（当然，这些句子本身是允许被转换的）转换成——比如说，针对宾语提问的疑问句。每提一个问题，教师可以指定一名学生回答。接下来，再由另一名学生把相同的句子（或是下一段中的句子）转换成针对主语提问的问句，等等。当然，教师不应容忍只对课文进行机械的转换，而必须始终要求学生们运用常识，不要问那些不会出现在自然对话中的问题。

学生们自己问问题时，他们只会照搬课本，因此，总让学生们提问是不可取的；总的来说，教师必须防止一成不变。教师自己必须比较频繁地发问；可以针对细节提问，也可以问一些综合性的问题，包括若干句子的主旨等。不过他得记住，综合性过强的句子要么对学生要求过高，要么句子本身言之无物；此外，利用这类句子进行练习的效果可能不佳，因为可能一整页的内容只对应两三个问题，因此课文内容就无法给人留下本应该留下的深刻而具体的印象。而且，最重要的是，问题要问得尽可能自然。

如果这种提问练习得到应用，并且以恰当的方式竭尽所能地变化形式——灵活、巧妙，并且始终以学生为本——就能为教师提供大量丰富的对学生说外语、与学生用外语交谈的机会；要注意，不是要"用一种学生还不理解的语言对他们说话"——这种担心常常被那些对早期对话练习的可行性存有疑虑的教师们表达出来——而是从一开始就不要提那些不要求学生用外语理解的问题，也不要提那些能用外语巧妙应对的问题。

不知不觉中，教师就可以由问答练习进入复述练习；提的问题不能只用一句话，而是得用至少几行文字来回答。因此，要求学生复述的内容可以越来越长，尽管在最初的几年里，复述的只能是那些以前学过并通过问答练习细抠过的内容。此后，教师可以用没有让学生们提前预习过的材料进行复述；教师大声朗读（或者可以让一名学生来朗读），如有必要，可以朗读好几遍，随即要求学生们尽可能多做几遍口头复述或书面复述，也可以让他们先口头复述，然后再进行书面复述。如果复印的材料够用，那就可以先给学生们 10 分钟或 20 分钟时间来默读这篇材料，然后他们可以用剩下的时间写下他们能够记住的内容。这样的练习被广泛应用于母语教学中,并且被认为十分有益。因为它们不仅可以增强理解力,尤其是可以增强区分重要内容和非重要内容的能力,而且还能提高语言技巧,即能规范地进行语言表达的技巧。因为原文中使用的大量语言表达出现在复述中,这些表达方式也就成为复述者的语言积累了。当然,学生更适合先用母语而非外语做复述练习,但这并不会削弱它们在前文提到的两个方面的价值,而后者在这里更为重要。然而,在母语教学中,大有更重视前者的倾向。即便学生们已经达到了很高的水平,让他们(用法语等)就读过的东西进行汇报——不仅仅是对小说或历史故事进行简单复述,还可以概述一些哲学或批评文章的思潮等——也是非常有益的。

很多篇目也适合以各种方式进行改写,从而在练习语法关系的同时,那些课文中的词句会再次出现在学生的头脑中,得到复习。只要复数形式在文中讲得通,所有的单数形式都可以转换为复数形式。讲完课文的内容之后,学生们要大声朗读,记住每个单词的格,想一想这些单词是否必须变成复数形式,以及它们的复数形式是什么。因此,可以根据情况对名词、形容词、代词或者动词进行变化。或者,有关男孩子的事情,可以说成是女孩子的。从"现在"到"昨天",从"今天"到"一周后"的时间变化,会引起动词形式的很多变化,副词则不容易受其影响。人称也可以变,特别是以这种方式:学生用第一人称来替换所谈论的"彼得"(Peter),因此用 I(我)来替代 he(他),等等;如果需要的话,还可以做进一步的修改,把叙述性文字改写成书信体。从第一人称到第三人称的转换很容易引起时态变化,这种时态变化只能让我们间接陈述而不能直接叙述。比如下面的句子:

Eh bien, Pierre, dit Jean, qu'est-ce que tu vas faire
demain? Je ne sais pas, dit Pierre. ("好的,皮埃尔,"让

说，"明天你要做什么？""我不知道，"皮埃尔说。）

可以转换为：

> Jean a demandé à Pierre ce qu'il allait faire le lendemain, et Pierre a répondu qu'il ne savait pas（qu'il n'en savait rien）.（让问皮埃尔他第二天要做什么，皮埃尔回答说他不知道。）

在德语中，这类转换牵涉如此复杂的变化（人称、语态、词序），以至于要求掌握这些内容的阶段，不必像法语中所要求的那样早；但是把间接陈述转换为直接叙述并不是很难。主动变被动则须非常谨慎，因为很少有句子在转换之后原义不发生改变，其中的原因很难解释，也不容易理解，而且很多句子根本不适合做这样的转换。同样，只有在极少的语义连贯的段落中，否定句和肯定句可以互相转换而不至于让句子不通。因此，一般来说，后两类转换只适用于单句，对这些单句教师必须参考语境精挑细选；不过，如果以这种方式仔细筛选，就会发现这些单句非常有用，尤其是对法语来说，把 *ne* 和 *pas* 放在正确的位置上至关重要；但对德语来说，这些单句就不是很有用。

有时候，从属小句（比如关系从句、状语从句等）也可以改为独立从句，反之亦然。此外，还可以进行更复杂的改造，通过尝试不同的表达方式，可以使一段文字的语意连贯。

当然，综合运用这种练习也是可能的。比如，由学生 A 大声朗读；教师在他读完一句时打断他，提出要对此句进行某种形式的变化，随即从（那些合上书本的）学生中指定一位来做转换练习。但是教师绝不能让这些练习变成按某种固定模式进行的机械劳动，而应该始终让学生仔细考虑新造的句子是否通顺，从而使他们的语感和逻辑思维能力同时得到加强。

第八章　语法教学方法（一）

　　到目前为止,我们已经相当深入地讨论了如何培养学生语法能力的问题。我想用 N. M. 彼得森（N. M. Petersen）的话（《语言技能》,文集,哥本哈根,1870,ii. 297—298）来引入我对这个问题的看法:

　　"就方法来说,我们必须放弃那种人为的方法,改用一种更加自然的方法取代它。按照人为的方法,首先要做的是递给孩子一本语法书,然后把语法知识一段一段地填鸭一样地塞给他,因为所有的内容都是知识碎片;他满脑子都是一些相互之间没有联系、与外部世界也没有任何关联的词形变化……他脑海里全是一个一个的单词,其中只有一半偶尔会出现,有的永远都不会出现在他读的东西里。对这种变态的教学法的抱怨有多久了! 它引起了多少喟叹,引发了多少偏误! 另一方面,语言学习的自然方法是应用。一个人的母语就是这样习得的。学生在能够有意识地把语言的各构成要素区分开来,并能对每个构成要素及其它们之间的特殊关系进行解释之前,往往就熟悉这些要素并把它们完整地吸取到了自己的灵魂中;他能造出整个完整的句子,却不知道哪个是主语,哪个是宾语;他逐渐发现,在不知道什么是时态什么是格的情况下,他得为句子的每个成分提供正确的词尾……那么,顺理成章地,教一个 10—12 岁的儿童学外语,一般来说就不能从语法开始。学生在入学后的头几年里，应该只给他一些学习素材；他应该积累经验（这也是孩子大的乐趣），而不是去推理。"

彼得森说出这些至理名言已经过去了半个世纪。以废话连篇的语法说明、时有特例的语法规定为内容的旧的语法教学仍然屹立不倒并大行其道，正如赫伯特·斯潘塞（Herbert Spencer）所说："给孩子们教语法是十分愚蠢的行为。"在我们学校，只有少数几个学了好几年德语的孩子才能不假思索地在 um 与正确的格之间建立联系；当然还有少数孩子不能很快学会 durch（通过）、für（为）、gegen（靠）、ohne（没有）、um（为了）以及 wider（与……相反，用在否定意义中）这些单词。然而，非常奇怪的是，这种现状看似并没有让人们公认这样一个事实：这些啰里啰嗦的语法说明通常还不如孩子们玩的"eeny meeny miny mo"的数韵游戏[①]更有价值。[②]

当然，那些靠死记硬背学会的范式也属于冗余范畴。"经典范式当然要提供，但是永远不应该用死记硬背的方式去学。"（N. M. 彼得森）不断重复一个个彼此孤立的单词，这些单词之间没有联系，在句子中也毫不相关，只会不过脑子地使蛮力。试想一下，成千上万的男孩和女孩一遍又一遍地背诵 mourir、mourant、mort、je meurs、je mourus[③]，然后问问他们，对，甚至可以问问他们的老师，

---

① "eeny meeny miny mo"是一种数韵游戏，这种游戏有点像汉语中的"击鼓传花"，孩子们围成一圈，以一组无意义的音节开始唱起，以一个表示游戏目标的短语结束。歌谣中的每一个音节代表一个孩子，以抓住最后一个孩子作为游戏的结束。歌谣有多个版本，通行的版本为："eeny meeny miny mo, catch a tiger by the toe, if he hollers let him go, my mother says to pick the very best one and you are it."。——译者

② 在语法中唯一值得死记硬背的是数字。

③ mourir：法语，动词原形，意思是"死"。mourant：现在分词；mort：过去分词。je meurs：现在时，我马上要死了；je mourus：书面语，简单过去时，我已经死了。——译者

他们中有多少人正好能想到，最后一种形式在现实中是不可能出现的（这辈子所有的谈话都是如此）[1]。出现这种形式的可能性非常小。当艾尔（Ayer）和萨克斯（Sachs）这样认真负责的语言学家给出了类似 *nais*、*naissons*、*naissez*[2] 的祈使形式时，就好比在说：出生了！让我们出生吧！！你们出生了！！！不可否认，我们很想发出这样的感叹："只靠理论，行不通！"我们的目的当然不是要摆脱像 *je mourus*[3] 这样的表达形式，出问题的是整个系统。我要像强烈反对 mourir 等形式一样批评 *vivre*、*vivant*、*vécu*、*je vis*、*je vécus*[4] 等说法，哪怕它们不是真的毫无意义。我之所以反对这种语言教学方法，是因为它不会，也不能让我们达成我们希望达成的教学目标。主要的荒谬之处，也是我们要反对的，是为了学习语法而使用互相毫无关联的词语，这在我们的教科书中屡见不鲜。

　　考查成年人（而不是语言学家）从学校的外语教学中记住了什么，常常令我感到好笑。他们对介词后跟什么格毫无概念，但是对有关格的语法规则通常记得很牢，这种情况似乎极为普遍。他们

---

　　① 这个故事是这样的：一位瑞典方言学家在田野调查时，为了调查 dog（死）这种表达形式在语言中的使用情况，他问一位农夫：你们这儿的人是说"jag dog"（我死了）还是说"jag döde"（我死了）？这位农夫不是语言学家，但却给出了机敏的回答：哦，我们死了的时候，一般什么也不说。

　　② nais，法语，意思是"生"，第一、二人称单数，你/我出生；naissons：第一人称复数，我们出生；naissez：第二人称复数，你们出生。——译者

　　③ 尼罗普（Kr. Nyrop）告诉我，他在梅莱的《幸存之死》（Mairet, *La Silvanire*, V. 2, 175）一书中发现了"Mais je mourus hier"（但我昨天就死了）这个句子，我自己也曾在左拉（Zola）的短篇小说中遇到过这样的句子，说的是一位已经被活埋的人假死后又苏醒过来的感受——然而，这些都不能使得这种形式更"有生命力"。

　　je mourus，法语，书面语，简单过去时，意思是"我已经死了"。——译者

　　④ vivre：法语，动词原形，意思是"活；生活"。vivant：现在分词；vécu：过去分词；je vis：现在时，我生活着；je vécus：简单过去时，我曾生活……。——译者

还知道很多词汇，比如 *der buchstabe*（字母/拼写）、*der friede*（和平）、*der funke*（火花）……或者 *das amt*（职位）、*das ass*（专家）、*das bad*（浴缸）、*das bild*（图片）、*das blatt*（树叶）……但是，对于为什么要学这些词，学了有什么用，通常没有人能答得上来。因此，这些废话连篇的语法说明真的没有什么实际用处。

现在，当然，烦琐的语法说明可以很容易被安排成这样——尽管没有人真正这么做——比如，通过把 *durch das zimmer*（穿过房间）、*für*（为了）、*gegen*（朝；向）……，*durch für...um wider mich*（为了……反对我）、*das amt*（办公室）、*die ämter*（教学单位）、*das ass*（专家）……或 *das amt*（职位）、*ämter*（职位）、*bäder*（洗手间）、*bilder*（图片）①等几组词语放在一起，来体现目标教学。

然而，在我看来，即使教学形式有所改进，啰里啰嗦的语法说明也没什么价值，因为这会让学生习惯于通过死记硬背来学习和表达，而不是经过思考。它们是过时的准教学法的残留，采用这种教学法的各科教师仅仅满足于学生"听懂了他的课"，即学生能够背诵书本上的内容，而没有人想过学生是不是真正理解了这些内容或者掌握了其他现代教学法所关注的东西。

人们常用"有生命力的"和"消亡的"来形容语言文字，但使用语言文字的人并不会总是不厌其烦地去想这样的形容在何种意义上真正有实际意义。一种语言只存在于并且只能存在于一个人的头脑中，说语言存在于一个人的头脑中，意味着语言的构成成分对他来说与某些想法相关联，这些想法在他听到某些词语时就会被唤起，反过来，当他想表达某些想法或者只是想让这些想法变得清

---

①　ämter（职位）、bäder（洗手间）、bilder（图片）这三个词都是复数形式。——译者

晰时，又会想起相应的词语。但是，想法不存在，也不能存在，除非是很多词语结合在一起。一个完全独立的想法是不存在的。词语也一样，如果脱离了自然语境，词语就会萎缩，最终无法发挥它们通常具有的功能，即产生想法。因此，孤零零的词语，比如烦琐的语法说明和语法范式给出的词语，只是一些没有生命力的死词。试着把"jewel（珠宝）、stone（石头）、cabbage（白菜）、knee（膝盖）、owl（猫头鹰）、toys（玩具）、louse（寄生虫）"这些词读一遍，看看你的大脑中是否出现了一幅完整的画面——并且，当你说一些法语词，如 *bijou*（首饰）、*caillou*（碎石）、*chou*（白菜）、*genou*（膝盖）、*hibou*（猫头鹰）、*joujou*（玩具）、*pou*（虱子）时，情况也不会更好。因为按照语言生活的基本认知规律，上面提到的词语，连同 *amo*、*amas*、*amat*、*amamus*、*amatis*、*amant*[①]，以及所有其他一些词的变形，注定了仅仅是无意义的音节，毫无价值。现在我们明白了为什么一些很理性的人会在他们的书中写下 *je mourus*（我已经死了）或者 *Wir sind nicht hier*（我们不在这儿）这类句子。当大脑被一个体现某种语法现象的词所占据时，这个词正常的唤起想法的能力当然就会大大减弱。

而且，出于语法目的而使词和词彼此孤立，甚至可能导致我们犯明显的错误。学生们最开始认真地学到的语法是，"nobody"（没有人）用法语说是 *ne personne*，"never"（从来不）用法语说是 *ne jamais*，[②]后来，当他们写下 *ne personne parlait* 或者 *il ne*

---

① 这些都是词尾形式。——译者
② 课本上两个词语之间的分割点，在口语诵读中消失了；因此它们在学生们的大脑中没有任何作用。

*jamais parle*① 时,这两个组合就被当成严重的错误加以纠正,如果不是因为让学生们学习了错误的表达形式,这种错误是永远不会发生的。在现代法语中,正如"not"是 *pas* 一样,"nobody"是 *personne*,"never"是 *jamais*,诸如此类。*ne* 只能跟动词连用;这个词永远不该让学生们看到或让他们去学,除非它出现在自然语境中;如果不是跟动词连用,它只不过相当于 *unfriendly*、*ungracious* 等词中的前缀成分 *un*。因此,关于 ne 的使用规则可以简要概括为:如果句子是完全否定的,它总是放在动词前;如果句子是部分否定的,它也常常放在动词前(这里的部分否定指已为大家熟知的 ne 用于 *empêcher*(阻止)、*craindre*(害怕),以及比较级等的后面时的情形。在这种情形下,*ne* 很快就会从现有的法语中消失,在最新的部长级法令颁布之后,我们现在可以允许自己在教学中不那么严格)。② 同样,告诉儿童"I"(我)在法语中是 *je*、"thou"③在法语中是 *tu* 只能是有害的——事实上,"I"和"thou"分别对应的是 *moi* 和 *toi*,"I go、thou goest"当然应该分别对应 *je vais*、*tu vas*④;靠习惯用法结合在一起的固定表达,不要不顾语法地把它们拆解开。

　　但是,词语只有自然而然地结合在一起,才能在恰如其分地表达思想的同时,还以其他方式来彰显其生命力;它们有另一种能

---

　　①　原文想要说明的是,文中的表达是错误的,但没有给出正确的说法。这里的两个例子相应的正确的说法是:personne ne parlait,意思是"没人说话";il ne parle jamais,意思是"他从不说话"。——译者

　　②　由于 Pas du tout 等没有动词的句子可以被完全识别出来,以前那些"冗余"的词语现在是最重要的,实际上也是唯一重要的词语,而且像 Je veux pas 这样的句子在口语中也越来越普遍。

　　③　thou 是古英语,现代英语为"you"。——译者

　　④　法语"je vais"的英语对译为"I go",法语"tu vas"的英语对译为"you go"。——译者

力,那就是与原有组合建立新联系的能力;当它们单独存在时,它们就会丧失这种能力。如果我经常按格式要求造出某类词或某种句子,它们就会成为我心理机制的一部分,在这种心理机制下,只要我需要,我就能像那个经常听到 *hardest*、*cleanest*、*highest* 等形容词的最高级形式,而不需要任何规则就能自动构建出 *purest*、*ugliest*、*dirtiest* 的英国孩子一样,无意识地根据已知的东西举一反三,并按相同的模式创造出新的东西(一个新词或新句)。对那个孩子来说,当他说出这些词的最高级时,即使经过最细致入微的分析,他也判断不出这些词是他以前常听人说过、自己只是照着说的,还是以前没有听过、纯粹是自己新造的——如果是后一种情况,他也不能判定他是在创造其他人已经创造出来的东西,还是第一次在语言中使用这个词——这是所有说人类语言的地方每一分钟都在发生的事情。[①] 英国人如此频繁地听到(并说出)"give the man your hand."(把你的手给这个人。)、"I gave the boy a whipping."(我打了这个男孩一鞭子。)"he gave his sister an apple."(他给了他姐姐一个苹果。),以致他会不自觉地按照"间接宾语总是在直接宾语之前"的模式来造句,此模式会让他在不了解语法术语和语法规则的情况下也能很自然地说"Will you give your father the money?"(你会把钱给你爸爸吗?),而一个法语母语者会本能地说"Veux-tu donner cet argent à ton père?"[②],因为在所有他听过的句子里,直接宾语之后都是由 *à* 引出"与格"的。

---

　　① 参考我关于"创造性与获得性的仿效构词法"(*schaffende und erhaltende analogiebildung*)的评述,刊于泰科玛(Techmer)主编的《国际普通语言学报》(*Internal. Zeitschr. f. allgem. Sprachwissensch.*,iii.,1887),p.191 及其后内容。

　　② 逐词对应的英语翻译是:will you give this money to your father?。——译者

　　由于这是凭借不容违背的心理法则而产生的,它不仅适用于母语,也适用于我们后来学习的外语。因此,在使用外语时,一旦具备形成这些典型格式的条件,我们就无法避免无意中形成类型或格式。在学习英语的时候,如果一个丹麦人经常听到(或读到),特别是使用过 *up here*、*in here*、*in there*、*out there* 这样的短语,那么,当他想表达相应的想法时,他就会很自然地说出 *down there*;他完全没有必要先学"here 和 there 在跟其他表示地点的副词连用时位置最靠后"这样一条规则。实际上,我们在用外语说话或者写作时,会遵循很多从来没有被订立出来的语法规则,而且,更重要的是,我们还会用到那些从未被语法学家总结出来的语法规则。我们之所以不能在外语的各方面获得跟母语一样的自信,部分原因当然是教学条件不那么有利,还有一部分原因是母语干扰了我们,因为它往往会在所有场合突然冒出来,让我们错误地按照它的模式去造句。

　　但是,我们越是懂得如何让外语中的每句话对学生产生充分的影响并成为他们自己的知识储备,越让母语居于次要位置,就越有利于学生进行这种无意识的心理活动。虽然我们永远做不到让我们的学生跟学母语的儿童几乎一样频繁地碰到语言中的各种形式,不过在很大程度上,我们可以引入更好的教学体系来改善这一点,从而使语言的习得不会像婴儿学说话那样过度依赖于学习的机会。我们的学生年龄更大、更成熟,因而能够从书本上获取帮助,这也是一个优势。

　　上一节中我们提到的很多变换练习基本上都是语法方面的,但我们可以很容易地找到更多的练习方法,通过这些练习,我们可以以系统的方式自然形成类型化和系列化的格式。从头到尾只对一个动词进行词形变化最是索然无味,但如果要处理的是整个句子,这种练习就立刻变得更有趣,也更有益。比如,教师可以在黑板上写下"Je donne un sou à Alfred"①这样一个句子,然后让学生对这个句子进行各种人称变化。一开始,教师也可以把动词的所有词形都写下来,一行写一个;不要求把它们全记住,而只是为了提供一个图表,让学生在每个词形前面插入相应的人称代词,在其后插入 un sou à Alfred 来完成句子。然后,下一步是让学生用其他的词语来替换 un sou 和 Alfred,比如:学生 A 说 Je donne un centime à Paul(我给保尔一生丁),学生 B 说 tu donnes un franc à Jean(你给让一个法郎),学生 C 说 il donne un livre à papa(他给爸爸一本书),学生 D 说 nous donnons des poires à l'épicier(我们把梨给了食品店老板),等等。实际上,学生们的任务是想出新词并插到句子中(新词必须使句子讲得通!);那么,这个练习就变成了一种游戏,通过这种游戏,如上文(第七章第三段)所提到的那样,词汇就得到了复习,同时动词的各种词形变化也得到了练习。比如,假如一个学生说 ils donnent deux cerises à le maître②,教师只需要用正确的 au 自己说一遍这个句子,并让学生按他说的重复一遍,不用批评他,——是的,甚至不必停下来,长篇大论地解释为什么在这种情况下应该用 au 而不是 à le。这种练习当然可以以不同的方式出现;比如,写下 mon père me donne de l'argent(我父亲给我钱)这个句子,然后让学生对句子进行各种人称变化,变化当然只涉及对 mon 和 me 的替换;也可以把这个句子改成其

---

① 这句话逐词英语对译是:I give a penny to Alfred,意思是"我给阿尔弗莱德一个苏"。——译者

② 这是一个错句,正确的说法是:ils donnent deux cerises au maître,意思是"他们给老师两个樱桃"。——译者

他时态,等等。还可以对更复杂的句子从头到尾地进行变化:要么除对代词和动词词形进行替换外不改变其他任何内容,比如:*Je suis allé me promener avec mon père*(我跟我父亲去散步了),*Das habe ich ihm gestern versprochen*(这个我昨天答应他了),*und ich werde es ihm morgen geben*(明天我会把这个给他);要么,对其他成分也进行变换,如:*je m'appelle...*(我叫……)(学生在这里可以代之以具体的人名,可以是他自己的,也可以是同学或其他人的。如果用"您",就该是教师的名字),*Ich habe meinen vater um etwas brot gebeten*(我向我的父亲要一些面包),*Du hast deinen vater um etwas geld gebeten*(你向你父亲要了一些钱),*Er hat seinen vater um ein stück papier gebeten*(他向他爸爸要了一张纸),*Sie hat ihren vater um einen kuchen gebeten*(她向她父亲要了一块蛋糕),等等。当然,教师也可以布置类似的书面作业,比如,造五个类似 *Le père de Jean est allé à la maison de sa sœur*(让的父亲去他姐姐家了)这样的句子,用不同的词语替换句中的斜体部分,等等;但最好这些句子是由课本上的句子想到的,或者在某种程度上与之相关。

现在有人会说,这不过就是利用语法上互无联系的句子进行练习的另一种形式,对此我是反对的——他们说对了,在我看来,这种练习跟那些老一套的练习越相似,它们的效果就越差,如果过度使用,这类练习就很容易退化为让人厌倦的机械性的例行工作。不过,如果适当使用,只会是有益的。而且,这种练习与旧方法中的单句练习有所不同,练习中的句子与课本上所读内容有关,因此句子之间并非全无联系;之所以不同,也因为不借助翻译,且没有必要进行翻译(除非是在这样的情况下:经过长时间的练习,教师想确认学生 A 已经理解了学生 C 说的某句话,而这句话里用到了一个不常用的单词);它们之所以不同,还因为省略了翻译这一步,整个练习可以快速进行;它们不同的另一个原因是,句子是学生们自己造的,因此他们必须时刻关注句子的形式和内容;它们不同于老一套练习的最后一个原因是,综合以上所述,这样的练习对学生来说更有趣,也更好玩儿。而且,这样的练习会激励学生们自主表达,从而使学生产生强烈的求知欲;他们会经常问需要用在法语或德语句子中的单词——在这种情况下,教师必须每问必答,然而他也必须始终要求学生学会那些已经教给他们的词语(以防学生们养成了只是"为了好玩"而粗枝大叶、漫不经心地提问的习惯)。最终,学生们会因此而认识到学习语法所带来的好处;语法知识对他们来说不再是纯粹的理论,而是不断转化的强有力的力量,因此变得更容易被记住,歌德(Goethe)说:"所有我们最终能记住的所学内容,都是那些我们能够发现有实际用途的。"他无疑是正确的。

当然,在本书推荐的任何一种练习中,学生们所造的句子中可能会出现错误,最为严重的那些错误必须要纠正,但是如果某些错误与正在或刚刚认真考虑或练习的语言现象没有什么关系,那么就必须尽可能少做纠正,也要尽可能少做理论性分析。许多练习可以编排得让学生几乎不可能犯任何错误,这样做不会减损练习的价值;相反,它们通常会发挥最好的效果,因为学生们准确造出或说出的每个句子都有助于养成良好的语言习惯。但是,无论一个人多么赞同"预防胜于治疗"这一理论,太急于预防错误都是不好的。德国教学改革的最有力的提倡者之一文特说:"对学生来说,开口说比说得对更为重要。"虽然我知道那些跟我意见不一致的反对者们对我鼓励不求甚解而对准确性不那么看重会做出怎样的批判,但是我仍然忍不住要引用一句斯拉夫谚语来支持自己:想说好一门语言就要把它杀死(*Tko zelidobro govoriti mora natucati*)①。舒哈特(Schuchardt)也以此为座右铭来激励自己对混合语的研究工作②,对此他解释道:"学习一门新语言时总是担心犯错的人,永远都无法掌握这门语言。"③

为了让那些不由自主地感到焦虑的人们放心,我在此补充来自德国第九届"新语言学大会"(1901)报告中的三段陈述。克林哈特坦承,他已经倒向改革一边了,因为经过多年的不懈努力,他还是没能成功地利用翻译法④把他的大多数学生训练得在语法上不犯错误。而使用这种旧方法教学的学校的校长也告诉他,期末测试交上来的试卷中仍旧存在很多严重的语法错误。然而,在他放弃了翻译法之后,他所有的学生,甚至是那些落后的学生,也都做到了在语法上不出错。文特断然否认通过翻译练习可以获得任何语法方面的自信。沃尔特提到很多访问他的学校的学者对他的学生在语法上表现出来的沉着自信表达出惊讶之情,以此驳斥了许多反对改革的人一向挂在嘴角的指责:改革派已经完全废除了语法。

既然我现在似乎更愿意引用别人的话,我也可以引用一段歌德的话:"就这样,我像学习德语、法语、英语一样学会了拉丁语:只

---

① 意思是:"想说好一门语言就不要怕犯错。"——译者

② 《斯拉夫德语和斯拉夫意大利语》(格拉茨,1885)(*Slawo-Deutsches und Slawo-Italienisches*,Graz,1885)。

③ 德语原文为:"Wer aus irgend einem grunde sich scheut eine fremde sprache zu misshandeln,der werd sie nie beherrschen."。——译者

④ 即以常用的简单句开始,把母语翻译成外语的那种翻译。

是练习,没有语法规则的概念,也不考虑系统性。任何了解那个时代学校教学状况的人都不会对我忽略语法和修辞感到奇怪;一切对我来说似乎都是轻而易举的。单词以及它们的各种词形变化和时态、语态在我耳畔回响,并印在我的脑海里,而且我能自如地运用这门语言进行写作和交谈。"①

让学生把英语句子翻译成外语,我们只是在人为地制造困难。如果学生把外语翻译成母语都有困难,而在翻译成母语时,长期养成的语言习惯最起码能让他免于掉进最严重的陷阱;那么,要让他把母语翻译成他还不那么熟悉的外语肯定要困难得多,实际上也是不可能的。我们自己误导学生犯错误,然后又要竭尽全力防止他在我们面前犯过多的错误。为此,我们要确保每一个练习只针对一至三段内容的语法要点;我们制定了一些理论规则来指导翻译,却总是会忘记实际运用这些规则是多么困难;我们把不能翻译的内容用括弧括起来;我们试图通过在一些非常奇怪的英文的旁边或者下方夹注正确的英文来提供帮助,但是,这些奇怪的英文,实际上,具有可以按字面翻译等优势。所有这些努力的结果是什么呢?众所周知的一个事实是,按照这样的教学方法,经过多年努力,学生交上来的法语答卷并不总是像我们所期待的那样准确无误。经验确定无疑地告诉我们,这不是实现我们目标的方法。约翰·斯托姆(Joh. Storm)在《法语演讲》(*Franske taleövelser*)"前言"中的论断是正确的,他说:"在目前学校的外语教学中,最糟糕且最无效的折磨是过多使用书面练习。"与这种"构造法"教学法形成鲜明对比的是我们的"模仿法"。之所以命名为"模仿法",一部

---

① 《歌德文集》第四册第二章"源自我的生活",库塔圣经世界文库(*Aus meinem leben*,II. vi. Goethes Werke,Cotta'sche bibl. d. Weltlitteratur,20. 218.)

分原因是,它是对儿童学习母语的方式的模仿;还有一部分原因是,它取决于宝贵的天赋,只要有足够的机会可以施展,学生们与生俱来的模仿本能就可以给他们提供正确的语感。我们或许可以说,这种教学法的精髓就是:远离词表和规则;反反复复地练习那些正确的东西!

第九章　语法教学方法(二)

"然而,我们的学生不应该只是无意识地、机械地弄懂他们所学的外语;他们不仅要学习如何表达自己,还必须知道为什么这样表达。"当我想到迄今为止常见的语法教学时,我不禁会问:"为什么?"。

在哥本哈根的一所学校里,有这样一个故事,某位教师被问及法语名词 *mur*(墙)的性以及"为什么"时,他回答道:"因为它来自于拉丁语中的阴性词语 *mors*(死亡)";但是他对这个回答还是不满意,于是纠正道:"不对,因为这个词是个特例。"当我们对这位教师的愚蠢感到震惊时,我们应该认真地问自己,在语法教学中许多针对"为什么?"做出的回答是否真的就比上面的回答更有价值;在大多数情况下,语法教学的目的只是为了按给定的某个评价标准对句子或词语进行归类,并赋予它们名称以及需要记下来的相应规则,这在很大程度上只要对所讨论语言的语法有一些了解就可以做到。

盲目相信语法理论教学是教学生合乎文法地表达自己的最佳方式,这种普遍的错误认识跟对待词汇错误相对比较宽容而批评起语法错误十分严厉一样是不可取的。

语法命题是抽象的,即使是专家也常常难以理解,因此必定远远超出了我们学生的理解水平。我们可以看到,当遇到一个很少涉及的语法规则时,大部分语言学家会立即诉诸例子,看看要点是什么;我们还可以看到,在用真正清晰的方式来表述他们的规则方面,语法学家们也常常会发现很困难。因此,即使是那些多少研究过一些语言理论的人(也许是其中的大多数人),他们在开始学习一门新的语言时,也总是倾向于尽量避免使用那些传统的、注重语法和理论的学习方法。著名的罗曼语语言学家舒哈特(H. Schuchardt)就曾明确表达了这样的感受①。正如人们所说,一个人在了解一门语言之前,是不可能真正开始学习语法的。

反观我们上学的时代,那时所有学科都是将现成的知识体系强塞给我们,只有通过这个知识体系我们才能够了解构成这个体系的一些事实,以至于我们极少进行独立观察或对观察到的事物进行归类。与此相对照,另一种教学法从众多教学法中脱颖而出。这种方法可从儿童身边的事物入手,是一种培养儿童观察事物、对观察到的事物进行归类并得出自己结论的方法。那么,最终,时机成熟时,以观察为基础的科学体系就会水到渠成地建立起来。其黄金法则是:"永远不要告诉孩子们任何他们自己可以发现的事情。"

语法理论不应该过早地去教,即便要教,也不要给学生现成的范式和规则。按照斯宾塞"发现几何"的方式,要自始至终引导学生自己去发现命题并证明它,我们也应该有一本"发现语法"的书。在一段材料读完后,我们可以要求学生再读一遍(大声朗读),并特

---

① "尽管我致力于语言方面理论的时间不长,但时至今日我仍对(只基于语法的)系统性的语言教学心怀反感。"——摘自《写在世界语出现之际》(*Auf anlass des volapüks*),柏林,1888 年,第 38 页。

别关注某些方面,比如人称代词;每次出现一个人称代词,就把它写在黑板上;然后根据它们之间的关系,(让学生)对这些人称代词进行分类;这样就可以毫不费力地制定出规则;然后,如果需要的话,学生们还可以将这些内容抄写在一个特殊的笔记本上,以供日后参考。比如,如果通过 *sa main*(他/她的手)、*son gant*(他/她的手套)、*son épée*①(他/她的剑)、*son ennemi*(他/她的敌人)、*sa figure*(他/她的脸)、*sa blessure*(他/她的伤口)、*son opinion*(他/她的意见)这些搭配发现法语有两种物主代词 *son* 和 *sa*②,学生们的目的一定是去寻找其中的使用规则。从这些例子中找到规律并不难;但是,如果有必要,教师可以通过强调那些他已读过的、包含有这种形式的句子来为学生提供不少帮助。而且,规则一旦制定出来,便可以在其他表达方式中进行验证,看看同一用法规则是不是也适用于其他情况,等等。

　　当然,教师必须事先确定课文中特别适合以这种方式加以说明的语法要点是哪些。③ 然而,希望组合在一起的所有表达形式并不一定都得出现在要考查的段落中;如果语法规律总结得不够全面,学生们会自动地把缺漏的补进去,这样他们就有机会学习新的内容。常见的情况可能还有,学生们在以前的阅读材料中就已经熟悉了那些没有被总结出来的范式;遇到这种情况,如果学生们自己想不起来,教师不妨通过说出这些词所在句子的开头来给他

---

　　①　这个词比较特殊,因为以 e 元音开头,虽然为阴性,但是为了不让两个元音连在一起,而用了 son。——译者

　　②　在法语中,sa 是阴性,son 是阳性,根据其后的名词来选择使用,上面的词前面的 son 和 sa 的意思是"他/她的……"。——译者

　　③　如果课本本身并没有为每一篇课文推荐相应的练习。

们一个提示。①

　　当然,只有那些最基本的东西才可以通过对一两页篇幅的课文的考察,制定出语法规则或者一个基本上说得过去的范式。对于初学者,教师一定不能急于求成,比如,不要雄心勃勃地将某个动词的所有词形变化都给学生,无论如何都不要一次性给他们;完全没有必要;一次讲一个时态就足够了。当然,我们不应受制于传统的语法体系,按此体系要求讲完一类词后再讲另一类词,依此类推。没有理由要系统地处理语法体系中的各个知识点,某一天讲一点代词方面的知识,改天讲动词的现在时,下一次讲形容词的比较级,诸如此类。课文中出现什么我们就讲什么;课文最适合讲什么我们就讲什么。②　而且,隔一段时间再讲也没有关系。正如一位瑞典的作者所说的那样,旧的教学方法中令人憎恶的一点是,教师认为他的职责就是要无时无刻地对学生是不是掌握了语法进行诊断。

　　英语教师可以在很早的阶段就开始用这样的方式考察并归纳出英语中的 *do* 作为助动词的用法。把一篇较长的已读过的材料分

---

　　①　总之,如果教师像我所建议的那样,用一种较为深入的方式与学生们一起读有关的文章,他们就会惊讶于这种连贯性所带来的强有力的联想效应;一个单词就可以让学生们回忆起他们学习过的整个上下文。在沃尔特所做的一个练习中,学生 A 提到一个全班都学过的单词,然后点了学生 B 的名字,要求学生 B 完整地说出出现过这个单词的那个句子。当然,这个练习可以偶尔作为一种娱乐活动;一般来说,没有必要。这种总是在自然语境中学习和记忆单词的新方法可以与自然史教学的最新方法相媲美,根据这种方法,学生们必须观察动植物在自然环境中的生长,了解周围的环境是怎样受它们的影响,又反过来影响它们。

　　②　然而,在这个立场上,每一种要学的语法现象都应该尽可能透彻地进行学习。课堂上的语法练习不应仅仅作为次要的练习,从属于那些旨在帮助学生们理解课文或者发展语言实践技巧的练习。如果教师不想把整堂课都用于语法,那么他至少可以在这些练习和其他练习之间划一条清晰的界线。一次做一件事情,把这件事情做好!

段布置给学生,让学生 A 和学生 B 读第一页,学生 C 和学生 D 读第
二页,依此类推,学生们要找出并且记下所有出现 *do* 的例句。然
后,要在课堂上以这种方式处理这些例句:教师先让学生们大声朗
读所有出现 *do* 的不含否定的句子。读完一些句子后,教师可以问
学生们这些句子有什么相同之处;如果没有人回答,可以再读几个
句子,直到有学生发现所有的句子都是疑问句,那么这个发现就可
以用后面的句子进行验证。然后,再来处理那些之前被跳过的否定
句。那么,所有的疑问句和否定句中都得出现 *do* 吗? 好吧,下次对
相同的页码再进行类似的操作,让学生记下所有没有出现 *do* 的疑
问句和否定句的例句。而后,在接下来的一节课中,我们就能定出
规则了。这比直接学习语法规则所花的时间更长。是的,但是我们
也可以肯定,这样学到的语法知识将会更好地被理解和记忆,更不用
说它会带来自主探索的快乐;所有这些都是对用科学的方法进行研究
并得到结论的初步实践。那么——我不得不再次强调——整个训练
过程也是对一些句子的复习,这样就不用太担心学生们会忘记他们以
这种方式学到的生词、表达方式和紧凑的语法关系。

　　即使我们得不出任何可以与我们课本上的规则相互印证的结
果,这样的语法观察和系统训练也是非常有价值的。比如,最后三
四天的德语课可以以性为关注点来切入。请一位学生大声朗读;
每读到一个实词,就让他请另一位同学(或者由教师示意某位同
学)说出这个词的性,[①]并说明依据(如 *in der kirche* 中冠词的形
式,*ein schönes mädchen* 中形容词的词尾等);请另一位学生站在
黑板(被分成了三栏)前,在确定了单词的性后,他要在正确的一栏

---

　　① 或者当读完一句话后,学生给出他发现的全部名词性实词——其他的同上。
这样做的好处是关联性不受破坏。

写下每个单词。如果词形和上下文都不能体现单词的性,教师可以问这个单词是否在以前的课文中常见到,它的性能不能通过课文判断出来;如果词形和上下文已清楚地体现了它的性,教师就得直接说出来。最后(快下课时或者黑板上已经写满了的时候),所有的单词和冠词一起都重复了一遍;然后,如果条件允许,教师还可以考查一两名学生,让学生背对着黑板站。比如,如果有两三个单词以 *ung*、*schaft* 或者其他完全确定的形式作为后缀,可以让学生们再回忆一下还有哪些单词具有相同的后缀,然后让他们自己制定规则。用这种方式学习几个小时,收获当然要比死记硬背所有有关性的冗长规则要大得多,而要掌握这些语法规则,还得记住各种各样的例外情况,例外情况还有例外;注意力被唤起,观察力变得敏锐,学生们就能在以后的学习中根据线索牢记生词的性,尤其是他们有必要知道的一些生词的性,而那些生词需要在会话和前文所述的转换练习中使用。

不常发生的难点,尤其是句法难点,不能完全用这样的方式来处理。但其中有一些可以用类似的方式处理。比如,在精讲法语读本中的大部分内容时,教师可以引导学生们注意虚拟语气,可以让他们把每一个虚拟形式抄在笔记本上,或者标记在书的空白处;大约一两个星期之后,再将所有的虚拟句集中起来,成为一大组。在接下来的一周里,类似的情况还会经常遇到。教师可以给学生一个机会让他回想他最近的观察,新发现的各种虚拟从句等或许可以作为补充。但是,我们要时刻铭记,在语法方面发现的许多东西,只对语法学家有意义,对学生们来说,实在没有什么价值,永远不应该让小学生去学习。

第一阶段之后,系统的语法书就不是多余的了。语法书里的例句可以用来作为对阅读过程中收集来的例子的补充;比如,教师可以大声读出那些例句,确保它们能被理解,而后利用这些例句帮助学生们发现规则。此后,当学生们竭尽全力地制定出规则,就可以看看语法书里是怎么表述的了。不应该等到大部分语法现象已经结合阅读材料处理完之后再一部分一部分地逐一认真通读语法书;如果早一点做,语法会更加容易,也更有趣;语法书的主要用途在于完善并验证我们已经学过的知识。①

如果以这样的方式教语法,学生们就不会有他们现在经常有的那种感觉,那就是他们只是在学习一系列有关如何避免犯错以及如何避免在书面练习中得"低分"的随意定好的操作说明;他们更愿意把语法想象成一种能够与自然法则,即对某些条件下发生的事情的普遍而全面的观察可以相提并论的东西;因为语法是对母语者自我表达方式进行观察而形成的。学生们不用再对自己说:"我们必须在目的从句中使用虚拟语气,因为在第235节中出现过。"而是要说:"我们发现在所有的目的从句中都使用虚拟语气。"教师的首要任务是让学生们了解外语的结构,特点以及与其他语言的主要区别。一般而言,课本过于注重细节,却往往忽略了一些非常重要的特征,比如,就像英语中名词可以自由地用作动词,动词也可以自由地用作名词,不同语言中词的前后顺序,以及固定词序,跟缺少形态变化之间存在一定的因果关系等,都会对语

---

① 斯威特博士试图嘲讽我关于自创语法的建议(见《实用语言研究》*The Practical Study of Languages*,1899,pp.115—116)。他似乎忘记了独立的语法研究和学校语法教学之间的差别;当他谈到学生们不得不整理出"一百磅左右的纸片"时,我认为没有什么能比上述陈述更能反驳他的言过其实了,这些陈述是对我在1886年所写的那些内容的进一步阐发。幸好,在这本书的第117页,斯威特博士实际上推荐了我们这里所设想的同一课程,只不过实施得还不够。

言产生不一样的作用。

　　语法材料通常编排得不那么理想。严格地说,我们在大多数教科书中所发现的把词法和句法截然分开的编排方式,既站不住脚,也不切实际①;从教学的角度来看,这种编排也并不成功,因为它割裂了形式和功能,而这两者恰恰应该一起学习,这跟某个词语的外在形式(发音和拼写)和其意义要一起学习是一样的道理。②对语法两个部分(形式和意义)中的任何一个来说,通常是按照毫无意义的不同词类的先后顺序来开展教学的,因而副词尽可能编排得远离形容词,但是如果说有两类词是应该放在一起的话,那么一定是这两类具有共性的词类。至于动词,那些在词法上应该放在一起,但在语法上不应该放在一起学的词通常被安排在一起学习。③

　　翻译法在这里也是有害的,因为它让本该清晰可辨的边界变得模糊。比如,学生们无法正确理解词语的性(gender)与人的性别(sex)之间的关系。如果德语中指帽子(*der hut*)的"他"(*er*④)和指银行(*die bank*)的"她"(*sie*⑤),以及法语中同样指帽子(*le chapeau*)的"他"(*il*⑥)和指椅子(*la chaise*)的"她"(*elle*⑦),都译自英语的 it(它),那么,同样的代词,在用来指人时,则是由 he

---

　　①　法语的最高级是一种纯句法的、相对的混合现象。

　　②　在我自己的英语语法书《简明英语口语和书面语语法》(*Kort fattet engelsk grammatik for tale-og skriftsproget*,Copenhagen,1st edition 1885,4th ed. 1903)中,我把词法和句法放在一起处理。

　　③　有关语法系统性问题,参见我在《语言的进步》(*Progress in Language*,London,Sonnenschein,1894)一书第 138 页中所做的初步讨论。

　　④　德语 er 指"他",阳性代词。——译者

　　⑤　德语 sie 指"她",阴性代词。——译者

　　⑥　法语 il 指"他",阳性代词。——译者

　　⑦　法语 elle 指"她",阴性代词。——译者

（他）或 she（她）翻译而来。[①]

在学生们能够理解的语言间进行对比，以显示不同的语言表达方式简练程度的不同，正是主张利用语言理论进行系统化语法教学的自然结果，而且通常可能变得非常有意思，特别是对于高水平的学生来说。（比较不同语言中的反身代词：德语 du（你）ihr（您）Sie（你们）sie（他们，她们，它们）——法语 toi（你）vous（您）vous（你们）ils（他们）elles（她们）eux（他们）——英语 you you you they——il y a（有），es giebt（有），there is，等等。）教师可以提醒学生们注意语言间的不一致性；在一种情况下明确表达的东西，在另一种情况下可能没有任何外在符号给出所指（haus häuser；häuschen häuschen——house houses；sheep sheep——cheval chevaux；vers vers——在实际使用中也用 maison、maisons 等；mich mir，dich dir，sich sich；der mann，die frau，das weib；ein guter mann，eine gute frau，ein gutes weib；der gute mann，die gute frau，das gute weib；die männer，die frauen，die weiber；die guten，m.，f.，w. 等）。[②]在法语和英语中，很多时候需要指出，口语和书面语

---

① 作者是想说明，在德语或法语中指代阳性或阴性名物词的代词，容易跟英语中表示男性第三人称单数的代词 he 以及表示女性第三人称单数的代词 she 混淆。——译者

② 作者在这里为了对比不同语言中语言符号所体现出的差异性，举出了下列一些例子来支持。这里我们只做一定的解释性的翻译处理，下面括号中是不同语言的英语对译词以及对词义及语法属性的中文释义：haus（房子，单数）häuser（房子，复数）；häuschen（小房子，单数）häuschen（小房子，复数）——house（房子，单数）houses（房子，复数）；sheep（绵羊，单数）sheep（绵羊，复数）——cheval（马，单数）chevaux（马，复数）；vers（诗句，单数）vers（诗句，复数）；maison（家/房子，单数），maisons（家/房子，复数）；mich（me，我，宾格）mir（myself，我自己，反身代词），dich（you，你，宾格；yourself，你自己，反身代词），dir（you，你，主格），sich sich（oneself，自己，反身代词）one's，自己的，领属代词；each other，互相，代词）；der mann（男人，泛指），die frau（女人，泛指），das weib（女人，泛指）；ein guter mann（一个好男人），eine gute frau，ein gutes weib（一个好女人）；der gute mann（这个好男人），die gute frau，das gute weib（这个好女人）；die männer（这个男人），die frauen，die weiber（这个女人）；die guten（这个好……），等等。——译者

中表现出来的语法关系是多么不同(如单数和复数,像 bon bons,
beau beaux,hideux hideux,还有 amer amère,clair claire,
révolutionnaire révolutionnaire | church churches,judge judges |
sin sinned,fine fined | say said,lay laid,等等)。[①] 这也许是比较语
言学研究的一个好的切入点,几乎不需要进一步的证明;这一研究
领域的很多问题,高年级的学生都可以理解,应该属于一种很好的
通识教育。凡是接受过普通学校教育的人都应该理解不同语言间
的关系以及语言发展所具有的重要意义;他应该熟悉不发音、同
化、类推、变异等语言现象;无论是在他的母语中还是他学到的外
语中,他应该已经注意到体现这些语言现象的例子,正如他应该意
识到这些过程如何持续影响着语言的整体构造,并且随着时间的
推移,逐渐形成了他所看到的德语和英语或者拉丁语和法语之间
的巨大差异;而研究英语中的那些经常保留了古法语发音(如
chase 中的 *ch*,*journal* 中的 *j*,*cousin*、*cousine* 中的 *n*,*beast*、*feast*
等词中的 *s*)的法语借词,也是一个有价值的切入点。但是,无论
这些语言现象多么有意思,多么有价值,如果用于学习现用语言的
时间有限,我们就不建议在它们上面投入太多的时间。教师在这
些事情上花费多长时间,很大程度上要看对整个班级来说时机是
否成熟,以及学生们对这些事情是否表现出足够的兴趣和问问题

[①] 作者在这里为了对比不同语言中语法关系多种多样的表现形式,举出了几组
例子。这些例子要么前一个是单数,后一个是复数,如 bon bons(好),beau beaux(美好
的),hideux hideux(丑陋的,这个词单复数同形),| church churches(教堂),judge judges
(法官);要么前一个阳性,后一个阴性,如 amer amère(苦的),clair claire(清楚的),
révolutionnaire révolutionnaire(革命的,这个词语阴阳性同形);或者,前一个是动词原
形,后一个是过去分词形式,如 sin sinned(犯罪),fine fined(罚款)| say said(说话),lay
laid(躺下)等。——译者

的愿望;不应该把那么多语言学知识强加给他们。

系统的练习不必只限于语法;词汇也可以采用系统的方法,不过范围可以小一些。上文中已经提到了几种复习词汇的方法,其实还有更多的方法;比如,教师可以给学生提供一个特定的话题(如人体、战争、火车旅行),让他去收集他能记住的或者出现在他上次读的故事中的所有词语或者表达——他也可以把它们安排在不同的细分话题中。这种练习最好以书面形式来完成。

教师还可以让学生们将一个复杂的事件或者一系列动作等分解成一个一个的组成部分。比如,他们可以详细地描述穿衣的过程,或者早上上学的路线;学生们描述得越详细越好;这样,他们不仅要用大量的实词,还特别要用大量的动词把整个句子自然地衔接起来,他们通过"心灵之眼"看到了这一切——但是,我不认为古安的教学理念[①]还应该用于除此之外的其他场合。

还可以指导高年级的学生系统地整理最重要的同义词。为此,每个人都应该有一个专门的笔记本,在这个本子里,教师希望他们处理的每一组同义词都应该占满一整页;他们要在这一页写下他们见到的所有含有相关词语的句子。教师和全班同学可以不时地一起梳理一下他们搜集到的所有句子,并且根据找到的例句试着提炼出这些同义词的差异。特别有价值的句子当然是那些几

---

　　① 我很想在这里详述古安的语言教学方法,但是,既没有足够的篇幅,我也无意于此,因为我从未看到这种方法付诸实践。我只能参考克龙(R. Kron)(过于热情)的论述(参见《现代语言》第三卷(*Die Neueren Sprachen*,III),相关内容也已单独出版),以及布雷克(Brekke)的(对我来说绝对有说服力的)评论:"赴英国学习古安语言教学方法的奖学金之旅的报告"(Indberetning om en stipendierejse til England for at studere Gouins metode for undervisning i sprog,挪威大学和学校年鉴,1894)。

个同义词依次出现的句子,比如:How much of *history* we have in the *story* of Arthur is doubtful. What is not very thrilling as *story* may be of profound interest as *history*? Half a *loaf* is better than no *bread*. A nice little *loaf* of brown *bread*. [①]。偶尔画出不同语言的对照表也很有意思,比如:

德语	英语	法语
mensch	man	homme
mann	man	homme
mann	husband	mari

在不标明性别时,可以针对 *human being* 和 *individu* 增加一些使用说明。比如:

德语	英语	法语
weib	woman	femme
weib,frau	wife	femme
frau	lady	dame
frau	Mrs.	madame
dame	lady	dame
baum	tree	arbre

---

①　这里作者想用这几个例子来说明,如果一组同义词先后出现在同一个句子中,这种句子便很有教学价值。比如,这里提到的英文例句中的"history"(历史)和"story"(故事);"loaf"(一条面包)和"bread"(面包)。"How much of history we have in the story of Arthur is doubtful"的意思是:有关亚瑟王故事中的很多历史记载是可疑的。"What is not very thrilling as story may be of profound interest as history"的意思是:如果故事像历史一样深刻,那就没有什么令人兴奋的了。"Half a loaf is better than no bread"的意思是:半条面包也好过没有面包。"A nice little loaf of brown bread"的意思是:一块非常好的黑面包。——译者

holz	wood	bois
wald	wood, forest	bois, forêt

这样的对照表比长篇大论的解释更能说明语言之间的差异，也更能体现词语意义不明确、表意含糊的频繁程度。然而，很明显，见收于同义词词典的许多细微而奇特的隐喻义完全超出了普通学生的理解力。

法兰克福的沃尔特博士还用另一种方法来帮助他的学生们熟悉外语材料。他从已经读过的材料中挑出一些句子进行口述，让学生们自己尽可能用不同的方式来表达同样的意思。我会从他的书中找一个这样的句子，连同学生们写下的不同表述（用字母标记）原模原样地抄在这里；这些句子是在"未经事先讨论"（就我所了解的，这是在第二学年，一周六个学时）的情况下，在 25 分钟内写下来的；可以看出，学生们写的句子五花八门：

The advantage of the English ships lay not in bulk, but in construction. （英国轮船的优势不在于其吨位，而在于其构造。）[①]

a. The English were overwhelming, not by the size of the ships, but their power lay in the construction of the ships.

b. In construction, not in bulk, lay the advantage of the English ships.

c. The English ships were superior to the Spanish not in bulk, but in construction.

d. The advantage of the English fleet (squadron) consisted

---

① 这一句是原句，而下面的 11 个句子都表达了跟原句相同的意思。我们这里暂且保留原文，方便读者仔细体会。——译者

not in bulk, but in construction.

e. The advantage of the English was the light construction of their ships.

f. The English had not large ships, but they were better constructed.

g. The power of the vessels of the English was not caused by the extent, but by the construction of the ships.

h. The English men-of-war could do very much against the enemy, because they were well constructed, and not too large.

i. The English vessels were not large, but well constructed.

j. The advantage of the English men-of-war did not consist in size, but in construction.

k. The advantage of the English men-of-war was to be found in their construction.

我自己在指导高年级学生时,也会采用类似的方法,让他们改写半页左右的历史著作。这总是能引起他们的兴趣,改写的结果,往往是产生了对同一思想的最富有变化的表述方式,拿改写后的各种版本跟原文进行对比,总是非常有启发。

在把阅读语法书作为一种补充和对按照本书所建议的方法获取的语法知识的总结的同时,梳理一遍按系统编排的词汇表似乎是个不错的计划——当然,这个词汇表不能像一般词典那样以字母顺序编排,因为那是最没有系统性的方式,而应该像罗杰(Roget)的《词汇类属词典》(*Thesaurus*)那样按照合理的方式进行编排。但是无论如何,这样的词汇应该少一些,只包括真正必需的单词和习惯用语;然而,即便如此,这样一本不可避免地枯燥乏味、单词之间也缺乏联系的书,并不适合用于教学。即便不是用它来教新内容,而只是用来回顾那些已经学过的词语,也不适合。但对于那些已经处于较高学段的学生来说,梳理一下自成体系的一系列短语,尤其是那些在日常交际中起了很大作用但在文学作品中却很少遇到的表达方式,还是很值得的。弗兰克(Franke)的《每日一句》(*Phrase de tous les jours*)是我所知道的最好的一本——但是,我从最可靠的消息来源得知,作者从来没有打算把这本书当成初学者的教科书来使用。

第十章　语音教学的原则和方法

　　这里要讨论的最后一个同样重要的话题是语音。尽管语音从一开始就已经发挥作用了,但因为几个原因我并没有先讲这个部分。多年来,我一直提倡将语音学——是的,甚至音标应用于外语教学中,而且,我已在很大程度上将我的理论应用于各个年龄段的儿童以及成年人的教学中了。新事物总是让人们恐惧;人们会惊恐地认为,学习一门全新的、有难度的学科和新的书写系统,会让学生们不堪重负;他们说,旧的书写系统已经够难了,现在还要为那些包含奇形怪状的字母的字符表所烦恼! 每一位教育者都应该看到这是多么令人讨厌;这么多年来,我们都没有用这些现代发明来学习语言,旧办法对我们来说已经够好了。

　　以上是提出的一连串反对意见。我的回答是:语音学当然是一门学科,而且,它跟其他所有的学科一样,也不是没有难点和值得商榷之处。然而,我们不会因为植物学著作卷帙浩繁而不敢教孩子们一些植物学知识。数学中也有很多内容超出了普通学生的理解范围,但他们仍旧需要学一些数学知识。语音学并不是我们想在学校课程之外增加的一门新学科;我们只是想尽量多涉猎那些对我们学习必须要学的内容起积极作用的科学知识。我们必须牢记科学是什么,以及它起的作用是什么。当然,在我们这个时代,每一门学科都积累了越来越丰富的知识片段,也要求越来越专业化，以至于许多内容对专业人士以外的普通大众来说并不好懂；但是科学给人的整体印象是，它应该是自成一体的知识体系（斯潘塞），是对现实世界中所有具体情况的全面总结，是适用于所有个别现象的重要的普遍性规律的创建。这也就是科学可以被定义为"思维的经济"（Ökonomie des denkens）的原因，也是科学被认为是推动思维和获取知识的途径的原因。我们想把一些语音学知识引入学校，是因为理论已经使我们相信，教学实践也已经向我们证明：借助语音学，我们可以更有把握在发音教学方面，能以更轻松的方式，在更短的时间内取得比不引入语言学更好的教学效果。

至于那个被称为音标的怪东西——它并不是什么"新字母系统"，甚至没有（德语的）哥特字母新，也远没有希腊字母（一点儿用处没有①）给学生带来的负担重，更不用说希腊字母有新的名称需要掌握。在学习希腊语时，学生们必须学习 30 个古怪的新符号；而我们给学校使用的记音音标，每种语言需要增加的新符号不超过 5 到 8 个；除此以外，其他符号大都使用普通字母，每一个字母都保留普遍适用的常见音值②，新符号则主要来自对已有字母的修改；∫ 让我们想到 s，ʒ 让我们想到 z，ε 和 ə 让我们想到 e，ŋ 让我们想到 n。最难的也不过如此。

如果你拿自己的教学经验来反对新的教学法，你只能招来这样的反驳：是的，你的教学经验恰好表明糟糕的发音是怎样被学成的！

---

① 希腊人也可以读拉丁字母，因为它们与德摩斯梯尼（Demosthenes）时代所使用的字母非常相似，是我们当作希腊文印刷的新黑体字。

德摩斯梯尼（公元前 384—公元前 322 年），古代希腊的雄辩家。——译者

② 所谓"音值"是指音素的实际读音，在语音学中通常用国际音标表示。——译者

　　为什么我们必须学外语的发音呢？首先，一定是因为我们可能会在某个时候遇到说这种语言的当地人。如果不是因为这个原因，也许我们会满足于按照英语的发音规则来读外语词，把法语的 *pain*（面包）读得像英语的"pain"，把德语的 *Werther*（维特，人名）读得像英语的"worth her"，诸如此类。我认识一些年长的教区牧师，他们为了能阅读英文小说而自学英语，并按丹麦语的元音来读英语，比如把 *knight*（骑士）等单词中的 k 发出音来，等等。如果只是想读懂那些廉价的惊险故事和恐怖"小说"的大概意思，这也许就足够了，但是我坚信，要想深入细致地理解真正的文学作品，这样读是不够的。语言与语音是不可分的，这就是问题所在；只有当一个人听到的外语发音与母语者听到的发音完全相同或者大致相同时，他才能真正欣赏并感受到诗歌（音韵和谐必定始终发挥重要作用）以及所有更高级的散文的乐趣。此外，正确的发音也能帮助记忆。它能帮助学生把不同语言区分开来，比如，他永远不会因为 *jeune*[①] 和 *schön*（漂亮的）发音相似而误认为 *jeune* 的意思是 *pretty*（漂亮），他也不会常常将法语的 *joli*、*journée*、*nouvelle*[②] 跟英语的 *jolly*、*journey*、*novel* 相混淆。其次，马德维格（Madvig）所做的以下论断是正确的："最后，毫无疑问，在学习那些已经没有人使用的语言时，如果尽可能借助于清晰地朗读、清晰地发音，并且记住新的表达方式，进步可能会更快一些，语言的积累不仅要通过眼睛，更要通过耳朵，比现在大多数领域更依赖耳朵。"该论断也适用于还在使用的语言。

----

　　① 法语，意思是"年轻的"，形容词。——译者

　　② joli 意思是"漂亮的"，形容词。journée 意思是"日子"。nouvelle 意思是"新的"，形容词。——译者

按照老一套教学方法教出来的发音很糟糕,甚至比大部分人所能想象的还要糟糕。表现为两点不足:一是我们听不懂当地人说的话;二是他们也听不懂我们的。

一开始的外语课应该专门用来让学生对语音有一个初步的了解;如果学生们已经上过类似的语音基础课程,无论是跟他们的母语学习结合起来(无论如何,我们迟早都要做这样的事情),还是跟另一门外语学习相结合,当然都要简明扼要地讲一讲发音;完全不讲发音是不合适的。对话可以设计得像下面一样简单,避免出现任何科学名词,甚至连"器官"(organ)这个词也不必出现(当然,学生的回答不会总是像这里所给的一样快速而果断,而且,对于不同的学生,需要重复的次数也不一样)。

教师[①]:约翰,你可以说 *papa* 吗?

约翰:*Papa*。

教师:你怎么发这个音的? 再说一遍。

约翰:*Papa*。我先张开嘴,然后再张开嘴。

教师:很好,当然,发这个音时,你必须合上嘴巴。所有同学,看我,观察我是否用那种方法发这个音——*Papa*。威廉姆斯,我做了什么?

威廉姆斯:您先张开了嘴巴,然后把嘴巴闭上。然后再张开。

教师:我怎么闭上嘴巴的?

威廉姆斯:合拢嘴唇。

---

① 以下内容详细描述了外语教师在课堂语音教学中与学生互动的情境,通过教师引导性的言语和学生的回答模拟课堂教学实况,使得读者身临其境。原著中,除了个别明确标注"教师"为说话人,主要以"——"(破折号)来表现教师与学生、学生与学生之间的对话。这里我们依据原著对话内容,把说话人的信息补全,以对话的形式表现,以便读者更加清楚地知悉说话人的身份。——译者

教师：现在，当我说 *op*、*ap*、*ep* 时，我做了什么？

威廉姆斯：每次都合上嘴唇，然后再张开。

教师：每次我说 *p* 的时候，我也这样做。罗伯特，你能发现其他我需要合上嘴唇才能发出的音吗？

罗伯特：不能。

教师：试一试 *mama* 这个单词。

教师：对，发 *m* 时需要合上嘴唇。

教师：现在，说 *baby* 和 bib。

教师：发 *b* 的时候也得闭唇。

教师：很好；那么，我们现在有三个音发音时需要合上嘴唇，它们是 *p*、*b*、*m*。让我们在黑板上把它们写成一行。是不是所有的发音都需要合上嘴唇？

学生：不是。

教师：你叫什么名字？

约翰：John Gordon Hunter。

教师：他说的时候，你们都看着他。

约翰：John Gordon Hunter。

教师：他合上嘴唇了吗？

学生：没有。

教师：说他的名字时，除了嘴唇以外，所有的发音还必须使用口腔中的其他部位。我们还能用什么说话呢？

学生：舌头。

教师：现在，比如要发 *John* 和 *Anna* 中的 *n*，我们要做什么？

学生：把舌头放在牙齿后面。

教师：用舌头的什么部位？

学生：舌尖。

教师：现在，试一试 *atta* 中的 *t*。

教师：发这个音时，我们也要把舌尖放在牙齿后面。发 *adda* 中的 *d* 时也一样。那么，我们是在用舌尖发 *t*、*d*、*n*。让我们把它们写在 *p*、*b*、*m* 的下面。那么 *akka* 中的 *k* 呢？

教师：观察我的嘴巴，我做了什么？

学生：您把舌头放在了口腔更靠后的位置。

教师：对，我们把这个位置叫作舌根，霍华德，爱德华发 *akka* 的时候，你仔细看他的嘴。现在看他怎么发 *agga* 中的 *g*（当然，是音节中的 /g/，不是字母名称 ʤiː）。那么，我们就可以把它们写在第三行。*p*、*b*、*m* 是哪种音？

学生：唇音。

教师：*t*，*d*，*n* 是哪种音？

学生：舌尖音。

教师：第三行呢？

学生：舌根音。

教师：很好，我们也可以分别简称其为尖音和根音。这里有人会问：为什么没有三个音？

教师：不错，其实也有三个音，但是我们没有与第三个音对应的字母。先说 *tinker*，再说 *tin-kettle*。没有区别吗？有，在 *tin-kettle* 中，我们有一个清纯的 /n/ 音，但是在 *tinker* 中没有这个音；在这里，*k* 之前发的是另外一个音。

教师：现在，试着读 *finger*。

教师：*g* 之前有一个同样的音。

教师：那么在 *singer* 中呢？

教师:同样有这个音,只不过后面的"g"不发音。我说(s) inger(省略了s)时,仔细看我的嘴。我们可以为这个新的发音造一个字母:写一个"n",把最后一笔加长并弯曲,就像g的最后一笔:ŋ。詹姆斯,到这儿来,根据发音听写四个单词,用上这个新字母。(詹姆斯写下第一个 tin-kettle)。不对,你听到不止一个 t 吧? 你能听出 l 后面有任何 e 的音吗?

詹姆斯:没有。

教师:那么,是什么音呢? tinketl。(在这个阶段,能读出 tinketl、tiŋker、fiŋger、siŋer 即可,不必要求比这更精准的发音,可以忽略单词末尾的 er 听起来不像 e 和 r 的合音这一事实。)你看,如果你是一个正在努力学英语的法国人,不知道 n 在 tin-kettle 中和在其他词中的发音是不一样的,而且 e 不发音,可能会发错音;但是如果把这个词一个写成 tinketl,另一个写成 tiŋker,那么,对你而言,学会如何发这两个词的音就会容易得多。再来看 fringe;它看似只不过是将 finger 中的 r 放在了其他位置上,然而发音却完全不同了,那么我们就知道 ng 这两个字母可能代表三个完全不同的发音。同样,我们写下来是 knight,说出来是"nait";写出来是 busy,说出来是 bizi。你还可以找出一些拼写出来和发出音来完全不一样的单词吗? 〔找出各种例子,并且加以分析。〕当我们严格按照单词的发音写下这些单词时,我们称其为音标。一开始,我们应该根据发音写出所有的法语单词,这样你们就能更轻松地学会怎样发音。但是,通过 tinker 的例子你们也看到了,在转写单词时,我们偶尔要用到一个平时不会用到的新符号。随着时间的推移,你会学到更多的符号……那么我们已经明白,为了发出不同的音,我们可以用嘴唇、舌尖和舌根。难道没有其他我们可以用来说话的东西了吗？——鼻子？对，用鼻子是可以的，但是你能动自己的鼻子吗？看我的鼻子；我说话时动鼻子了吗？

学生：没有。

教师：没动鼻子就不可能用到鼻子了吗？现在，看看我在说"a⋯⋯"的时候［声音拉得很长］①用到鼻子了吗？现在，我突然用两根手指捏住鼻子，同时按住鼻孔。这样发出的音有变化吗？

学生：没有。

教师：但是现在我要用同样的方法发"m⋯⋯"这个音，也用同样的方法捏住鼻孔。有什么情况发生吗？

教师：有的，没有声音。

教师：现在，你们自己试一试。你先来，乔治；发"a⋯"，然后你旁边的同学可以突然用两个手指捏住你的鼻孔。然后发"m⋯"，让佛瑞德再捏住你的鼻子。你的鼻孔被堵上的时候，能发出"m"音吗？不能，不管你怎么努力，声音很快就消失了。你们大家都试一试；发"a"，尽可能像我做的那样把音拉得很长，只要你看到我用手指捏住鼻子，你也这么做；然后，用同样的方式来试着发"m"。这是因为，为了发出 m 音，气流必须通过鼻腔。你得利用软腭打开通向鼻腔的通道，从而使得气流从鼻孔逸出。你可以感受到牙齿后的上腭，它在那个位置是硬的；但是如果你把手指再往里伸，你很快就能感受到它变得柔软且富有弹性。观察它是如何在我的口腔中抬起、下降的。照一照镜子②，观察一下你自己的上颚是怎

① 字母后面靠上的点表示（发音）长度。这里的 a 是音标，arm 中的元音。
② 在最初的语音练习中，准备一个带手柄的小镜子会很有用。针对一些教学内容，教师可以要求每个学生带自己的小镜子（观察发音）。

么样的。首先,试着默默地吸气、呼气,然后发"a";接着,你会看到你自己的软腭是如何突然抬起来的;这是因为它必须阻断通往鼻腔的通道,好让气流无法通过。但在你发"m"的时候,软腭的位置较低,这样气流就可以通过鼻腔,口腔通道则被双唇阻塞。[这个时候,你可以在黑板上画一个草图,画出软腭在高位和低位的口腔剖面图。]在发 n 和 ŋ 音的时候,你软腭的位置跟发 m 音时的位置是一样的。[同时试着捏住鼻子。]

现在,我们已经了解了说话时如何利用鼻子和嘴,但是说话时只需要鼻子和嘴吗?[如果学生们自己想不起"嗓音"这个概念,那么教师可以加以引导,他可以说:如果某人说话(或者唱歌)很好听,我们说他有一个好的——]

学生:嗓音。

教师:嗓音出自哪里?

学生:声带。

教师:那么,声带在哪里?

学生:亚当的苹果中。

教师:[这里,最好不要瞧不起有关卡在亚当喉咙里的苹果这个传说。]现在,我们也称亚当的苹果为喉头。喉头内有两条相互平行且富有弹性的声带,当它们振动时,就会产生一个音调,这就是我们所说的嗓音。这就像小提琴的一根琴弦振动发出声音,或是铃铛或酒杯被剧烈晃动发出声音一样。我们说话时,是不是一直要用嗓音呢?你不知道。好吧,我们可以试验一下。[小声说一句话。]我用嗓音了吗?

学生:没有。

教师:现在,试着先大声而用力地发"a…"(或者唱出来),用你的大拇指和食指紧紧捏住亚当的苹果（喉头）；你会感觉到它在颤动。在别人弹钢琴的时候，你从未试着用指尖触摸钢琴吗？如果你试过，你会感觉到与触摸发声时的喉部一样细微、快速、微微颤动的振动。在这两种情况下，你都能用手指感觉到那些可以通过耳朵听到的音调所发出的振动。但是，现在小声发"a…"音并感受你的喉部，你感觉到什么了吗？

学生：没有，没有振动。

教师：试着发"s…"［并非字母的名称/es/，而只是发出它本身的"嘶"声。］，有声音吗？你能感受到任何振动吗？

学生：不能。

教师：那么，s 是一个清音，而 a 是一个浊音。现在，试着发"m…"［不是/em/！］，它是浊音吗？"n…"呢？注意，你可以唱出浊音［试试几个浊音］，但不能唱出清音。① 很容易听出来，f…是清音，而v…［有很强的嗡嗡声］是浊音。同样，每一个清音都有一个对应的浊音。发"s…"，而后加上嗡嗡声，就可以发出相应的浊音。这些就是我们在 so 和 zoo，seal 和 zebra 中发出的声音。我们还有第三组音，ʃ 和 ʒ；ʃ 是 shilling 和 shall 中的发音，ʒ 是 measure 和 pleasure 中的发音。这时，我们便可以写下：

f	s	ʃ	清音
v	z	ʒ	浊音

现在我指哪个字母，大家就齐声朗读哪个音，直到我把粉笔拿开后再停下来。② 随即，可以单独测试学生，教师快速地从一个音

① 这里也可以试验一下，把双手平放在耳朵上来辨别声音。
② 我也经常用这样的方式来练习，当我抬起手时，全班同学发出浊音，当我把手放低时，他们发清音；我让他们如此这般，不间断地发出 fffvvvffvvvfff，ssszzsss 等（连续的音）。

指向另一个音。也可以让他们做两个元音中间夹着辅音的练习：affa，avvva，asssa，azzza；afa，ava，asa，aza。

现在，学生们已经上了一点语音入门课；这让他们觉得有趣，课上的内容没有他们不懂的，也没有他们用不上的。课程没有真正让孩子们感到害怕，但却让许多年长的教师望而生畏；显然，他们十分惧怕越过童年时为他们设定的界限，他们一贯认为，一切新事物一定会跟他们在学生时代所学习的大部分内容一样无用、枯燥且迂腐，因此他们不愿意费力去熟悉任何新事物。[1] 在这本书的丹麦语版中，我出于好奇摘录了一段有关发音器官在发音过程中如何工作的描述，这段描述是由一位从来没有人告诉他语音是如何形成的 14 岁男孩儿自己写成的，完全没有接受任何指导或任何形式的帮助（从他坚持用字母名称并对其进行分析就可以很容易地看出来）；这表明，这种令人生畏的语音学并非远远超出了普通儿童的理解力，并没有那么可怕。

儿童在语音练习中总是很好地"模仿"教师，因此有必要对他们想要发音的热情加以抑制，而不是激发。或者，换句话说，在学生蠢蠢欲动地开始学老师发音时，教师需要对他们这种与生俱来的想要模仿声音的冲动加以引导，可以对他们说："一会儿你们自己可以发这些音，不过先等一下。"随即，向他们说明发音的要领之后，让他们有足够多的机会练习那些发音，齐声练习和单独练习都要进行。然后，无论是在课间休息时还是在家里，他们便会陶醉在新的语音，以及展现在他们面前的全新而又有趣的世界里。

---

[1]　我不是夸大其词（人们可能在今后十年间都对此持怀疑态度），我可以通过一系列在教学法会议中提出的观点，教学期刊中的文章和报纸评论等轻松证明。

在我刚刚介绍的语音入门课程上完之后①，我便会立即进入外语课文的教学。如果此时教师能以最具有德语或者法语特色的方式快速而大声地朗读一两页内容（或者做一个简短的演讲），这将是一个让学生对新语言的异国情调有初步认识的好方法。对新语言的初步认识还可以通过我推荐的一些小技巧得到进一步的加强。教师可以按法国人（或德国人）的发音习惯和腔调等读出一个英语句子。他可以在讲解某个音时不时地提起这个句子，这将有助于提醒学生不要犯他们自己应该避免的错误。接下来，我会随时处理阅读材料中出现的新的语音，遇到什么教什么；我会重复每一个单词及其词义，在黑板上写下它们的音标形式，并解释出现的每一个符号，同时一个音素一个音素地读出来（这很重要！前后都不接元音的辅音也要单独发音），并在发音时把这个音拖得很长。②

在不少情况下，一个音单独出现时，学生们能相当准确地进行模仿；无论如何，都会比模仿混杂在其他音中的某个发音要更准确。但是，在很多情况下，他们的模仿并不成功，或者，至少还不十分令人满意；因此，这就有必要以入门课程为基础，从语音学中寻求帮助。

当然，正如让一名英国籍教师教英国孩子学法语或德语一样，让一个丹麦人给出详细的语音教学指导意见并不容易。因此，下面的内容有必要比丹麦文原版的相应内容更为简短。在原版中，

---

①　有时候，我介绍的时间会长一些，有时候会比这里所说的要短一些；有些教师会介绍得更完整，这样在进入阅读之前，他们就教完了整个发音系统表。

②　不过，像 p、t、k 这样的爆破音，可以不用这样的教学方式——每一位语音学家都知道为什么。它们必须与其前和其后的元音一起发音，例如 ata。

我可以结合我的个人经验,就如何取得良好的语音教学效果这一主题展开详尽的论述。但是,也许几句话就能指出正确的路径,任何一位在理论上,特别是在实践中已经完全掌握了语音学第一要义的教师都能对我的建议进行补充。

课本中最早出现的法语或德语句子中,很可能会发现[y](法语 *sur*,德语 *über*)或[ø](法语 *veut*,德语 *höhe*)两个音。最好将这两个音放在一起练习,并且,一开始先练长音。经验表明,教师仅仅发出这些音还不够;这些音会给英语母语者带来很多困难,所有以英语的双元音单词 *few* 等作为基础的模仿从第一节课开始就应该严加限制。我在很多年前就深刻地认识到,学会正确的发音并非不可能。这些发音在丹麦语中也能找到;一位在丹麦生活了很多年的英国女士,尽管她也做了不懈的努力,但还是没能通过模仿学会那些发音。于是我打赌我能在十分钟内教会她发这些音,经过五分钟的有关圆唇音和非圆唇元音的理论讲解和两分钟的实践练习,我赢了。对她的指导大致如下:很大声地发出 too 中的[uˑ](或者[uw]),在不换气的情况下尽可能拉长。再做一次;在镜子中观察嘴唇的位置。然后用同样的方法发 tea[tiˑ,tij]的音;拉长元音,直到你不得不换气;一直观察镜子中自己嘴唇的位置。现在,再发[uˑˑˑ],然后是[iˑˑˑ]。在发某些元音时唇形是圆的,发其他音时唇形是扁的。试一试比平时更多地嘟嘴。多发几遍[uˑˑˑ]这个音,嘴唇尽可能嘟起,把注意力放在你的嘴唇上。然后多发几遍[iˑˑˑ],注意舌位;你会感觉到舌头的两边碰到了口腔的上腭或牙齿。现在照镜子;再发[iˑˑˑ],注意让舌头保持在同样的位置上,然后让你的嘴唇突然变为圆唇,就像先前嘟起嘴唇一样。学生这时可能还是不会发[y]，因为，尽管有教师提示，他还是会不自觉地把舌头缩回到熟悉的[u]音的位置。但在这种情况下，教师一定不要气馁，而是应该继续进行第二阶段的尝试，这部分更有把握，因此可以放在第一步做：把嘴唇噘到发[u]时的位置上，不出声，只是看着镜子，非常小心地保持嘴唇的位置不变，然后尝试发[i⋯]。如果舌头放在了发[i⋯]的正确位置上，那么发出的声音只能是[y]。记住这样的声音并反复练习，直到学生对发音部位和发出的音都有十足的把握。然后可以学习[ø]这个音了。它和发[y]时的起始位置是一样的，不过下腭还要放低一些，下唇和舌头的位置也跟着降低，此时教师要注意控制向下的动作，低到合适位置就停下来。可以通过发[e]并嘟圆嘴唇来控制发音，换句话说，要经过从[i⋯]到[y⋯]的转化过程来进行控制。

在英国人的外语发音中，最容易犯的一个错误是把长元音发成了双元音。因为在日常英语中，发长元音会向上滑动①，颌和舌头在发长元音的最后一部分时要抬得比前面的部分高，比如 *see*、*two*、*hay*、*know* 等。在伦敦本地音中，英语发音的这个特点更为明显，声音开始的部分很低，至少在上面提到的后两个音是如此，于是 *lace* 听上去像 *lice*，*pay* 听上去像 *pie*。即使最好的发音没有到这个程度，但滑音是存在的，而对于法语或德语的母语者来说，这种滑音是英国人在法语或者德语发音上最大的缺陷，因此英语母语者最好能在这方面特别注意。如果教师能做一点理论讲解，交替地多发几遍英语的[ei]和德语的[e]，那么即使是最迟钝的学生，也会不由自主地让他们的耳朵得到训练，从而辨别出

① alms 中的元音[aː]、war 中的[ɔː]，以及 sir 中的[əː]是例外。

两个音的差异,但是,在这种根深蒂固的双元音发音习惯得到纠正之前,持久且耐心的训练当然是不可或缺的。这种训练,既可以是让全班同学一起发音,也可以是让学生一个一个地单独发音。

另一个遇到的难点是短元音。法语中的 *été* 应该发成两个短小、封闭的 e;英国人则倾向于将它们发成两个长的或者是半长的滑音,开始发音时,口形的开口度大了,而发音结束时,开口度又小了。但是,任何习惯于把[e]发成长元音的人,都可以以此为起点来学习正确的短音,那么最好的方法是不断重复 tétété……,同理,*fini*、*dodo*、*froufrou* 等单词里的短音也可以这样练习。

英语中也没有法语中的鼻元音;在音标中,鼻元音通过在元音符号上面加"～"来标记,比如 *son* 等词中的[ɔ̃]音。在这方面,教师必须立即尽全力防止学生把鼻元音发得像英语单词 long 中的[ɔŋ]。根据我教丹麦学生的经验,如果只让学生们跟着我重复这个音,是教不会他们发鼻元音的。有必要让他们明白两个发音之间的差异在哪里。首先,教师应拉长[ɔ̃]这个音,通过提问的方式,建立起自始至终只有一个音的概念。然后,让一个学生试着拉长了发出[ɔŋ]这个音,很明显,两个音中只有后一个被拉长了。按照以前学过的方法,教师可以通过用手指捏住鼻子的方式来展示对这两个发音所产生的不同影响,看是不是对这两个发音产生了影响,具体有什么不同,同时说明造成这种不同影响的原因在于,我们在发[ɔŋ]音时,发第一个音,气流只能从口腔里出去,发第二个音,气流只能通过鼻腔;但是,在发[ɔ̃]时,口腔和鼻腔两个通道同时打开。如果把一支铅笔放进嘴里,让它置于舌头之上(尽可能地靠后),当发[ɔ̃]时,铅笔会安静地待在舌头上,但是发[ɔŋ]时就不

行了。与[ɔ̃]相关联,学生们可以练习 *tant* 中的 [ã],*teint* 中的
[ɛ̃],或者,更准确地说是 [æ̃]这个音,以及 *un* 的发音[œ̃]中的圆
唇音。而 *tuer*[tɥe]和 *lui* [lɥi] 中的[ɥ]这个音很容易学得像[y]
一样准确,可以匆匆带过,以便把重点放在后面要学的发音上,而
对[w]和[u]的教学可以通过对二者进行比较来完成。

至于辅音部分,发[t,d,n]时,必须注意要用舌尖抵住上齿;在
任何情况下,舌尖都不能像在英语中那么靠后;发[l]时也一样,而
且这方面的差异更加重要;还要避免发出英语 *l* 那样的卷舌音,这
就要将整个舌头放平,而不要让舌头像勺子一样中间凹陷下去。
fenêtre [fənɛːtr̩]中的清音[r̩]和 *table*[tabl̩] 中的清音[l̩] 如何发音
很容易从已学过的有关清音的发音方法中类推过来;需要注意的
是,不要将[r̩]发成见于 mister 等英语单词词尾的元音。学生会
很容易理解,只要发音正确,清音在快速讲话时很容易消失。最
后,我们要教 *campagne*[kãpaɲ]中的[ɲ];它常被看作介于[nj]和
[ŋ]之间的一个音;发这个音时,最好将舌尖放在口腔中下齿龈较
低的位置,不过我用了"最好"这个词,言下之意是没必要非得如
此;也有法国人(总是在元音之前)把这个音发得像英语 onion 中
的[nj]。

关于[p,t,k],众所周知,它们在法语中是不送气的,而在英语
中是送气的;但是,因为差别并没有那么明显,在一开始的时候,可
以照搬英语的发音。此后,如果有学生注意到了这种差别,他可能
会提出课本上写的是[p],而教师发了[b]的音,或者可能只是他
自己用了英语中的[b]来模仿教师的发音,那么就需要请他注意,
在英语中,音节开头的[p]和元音本身之间总是有微弱的气息,在
法语中则没有。在法语中,[p,t,k]后面的元音和它们几乎同时发

出（无论是用唇还是用舌），因此，听起来就像是[b,d,g]（*capitaine* 听上去就像 gabidɛn）。试着发一个后面不带元音的[p]，先深吸一口气（有点像你做出"噗噗"的口型，但不出声），屏住气息，就像一个人在吸他的烟斗（跟肥皂泡破裂时的声音差不多）；然后，试着在它后边放一个元音①；这个元音必须立即发出，就像战士听到教官指令一样反应迅速。接下来，[t]和[k]也可以用同样的方法来教。

对法语音节的切分（如把 *il a* 切分成 i|la，把 *chaque écolier* 切分成 ∫a|ke|kɔ|lje，等等）最好通过纯粹的模仿来学习，重音（重读）的分布也一样；通过连贯地给学生背诵或朗读句子，并让他们一起不带任何停顿地说出整个句子，教师能够防止学生们养成令人无法忍受的一字一顿、没有语气变化的发音习惯。因此，*il a été ici*（他曾经来过）要放在一起说，要从一个元音自然地滑向另一个元音，*a*＋*é* 听上去有点像 *lie* 中的[ai]，*é*＋*i* 听上去有点像 *lay* 中的[ei]。

对英国人来说，德语发音比法语发音稍容易一些，但仍有几点需要注意。对于某些音，任何一位训练有素的教师都可以遵照针对法语语音教学的建议去做，只需在细节上做一些微调；而对于其他一些音，比如 *ch* 所发的两个音，教师必须举一反三地使他的语音学理论知识适应教学的实际需求。

有人已经发现，我并不喜欢把语法问题理论化，但是却自愿对语音问题进行理论阐释，这看似矛盾，其实不然。一般来说，语法理论学起来比较抽象，比较难，综合性更强，但仍然不能让我们达

---

① 该方法的教学步骤主要遵循了克林哈特的意见。

到期望的目标——语法正确；我们想引入的语音理论则更为具体，比较简单，也更有限，实际上可以实现预期的目标：让学生有一个好的发音。这一论断已被世界各地无数教师的教学实践所证实。

近年来，学校在语言教学中使用语音表已经变得越来越普遍了。在这些表中，对所学语言的所有音都进行了系统的编排，并用全班都能看清的大字母标示出来；而且经常采用各种巧妙的设计，比如赋予清音和浊音不同的颜色。① 我自己还没用过这种教具，但我已从几位外语教师那里，现在也从两三位丹麦语教师那里听说，他们对这种教具非常满意。教师可以指着一个字母，让全班同学或者某一个同学说出对应的音；教师也可以让学生 A 说一个音，让站在黑板前的学生 B 一边重复这个音，一边指出这个音对应的符号，来证明自己知道是哪个音；或者，如果学生 C 在朗读（或说话）时发错了一个单词的音，学生 D 可以指出来：先指出这个发错的音所对应的符号，然后再指出正确的音对应的符号；诸如此类。这样一来，很多没必要写在黑板上的东西就可以不写了。此外，把一个相互关联的系统中的所有音都展示在学生面前，这对他们来说总是非常有益的（即便教师从来不打算考查他们对所学语言的整个语音系统的掌握情况）。

正如我们看到的，音标系统中的每个符号都要跟它对应的发音结合起来一起学习。那么，音标本身有什么用呢？人们似乎普遍认为，音标的支持者声称，音标可以帮助学生们更好地理解每个音，也能让他们更容易地发出这些音；音标的反对者抨击了这一论

---

① 如果教师不想自己准备图表，那么他可以使用维埃托的语音图。

断，并用一种堂吉诃德式（Quixotic）的狂热对其进行打压，并没有冷静地想一想，这一主张其实根本不是音标的支持者们首次提出的。音标教学的支持者们和其他人一样知道没有什么是天生就具备的，也就是说，不会仅仅因为给一个男孩看了[ɔ̃]这个符号，他就能自动地正确发出法语中的鼻元音。单个音的发音一定可以通过其他方法来学，正如上文所述，如果仅仅为了学习单个音的发音，所有的书写都可以完全省去，而不会给教学带来任何实质性的改变。然而，我们在教学的第一阶段就已经使用了音标，一部分原因是音标可以在之后的教学中为某个完全不同的目标提供非常好的帮助，这一点我马上就要谈到；另一部分原因是它确实对音的正确形成方面的教学有所帮助。这为教师省去了大量的重复性劳动，因为教师不必总是自己发音，而是可以指着某个符号让一位聪明的学生给其他同学说出这个音；音标让学生更清楚地看到有多少不同的发音是需要他们注意的（如果只是口头教学，也许某个学生可能会将[ã]和[ɛ̃]听成一个音，而另一个同学则会将[ã]和[ɔ̃]听成一个音）；最后，符号的同质性会帮助学生们更容易理解语音本身的属性；当他们学会发[ɔ̃]这个音时，看见音标上方的波浪线，他们会更快地掌握所有其他鼻元音的发音方法；而四个符号两两平行的排列将帮助他们学习这些音之间的对应关系：

$$s \qquad \int$$
$$z \qquad 3$$

然而，为了理解音标的最大价值和真正的价值所在，有必要牢记这样的事实，在发音方面存在两类本质上完全不同的错误——

A. 语音形成错误；

B. 语音运用错误。

我们有时会犯 A 类错误。比如,英国人把法语的鼻音发得像英语中的 *ng* 组合发的音,或者,他们将法语中的长元音发成了双元音,再或者,他们把德语的 *ch* 发成了 ʃ 或者 *k*,把德语的 *z*[ts]发成了[z]或[s],把法语 *cœur*① 中的[œːr]发成了 *cur* 中的[ə],把法语中的 *dû*②发得像英语的 *due*,等等。

如果你把法语的 *gent*③ 发得像 *gant*④,把法语 *peut*⑤ 发得像 *put*,或者反之,把法语的 *eut*⑥ 发得像[ø],把德语 *frass*⑦ 或 *fuss*⑧ 中的元音发成短元音,把德语 *nass*⑨ 或 *nuss*⑩ 中的短元音发成了长元音,把 *bischen*⑪ 的后一个辅音发成了[ʃ],等等,就出现了 B 类错误。

这两类错误可以同时出现,比如,把 *München*(慕尼黑)错发成了[minkən]或者[mjuŋkən],而不是[mynçen]。

A 类错误不是由正字法所引起的;在发音与拼写存在对应关系的语言中我们也会犯这样的错误;这类错误多半是受了我们母语发音习惯的影响,可以通过上文所述的语音训练进行规避。如果外语发音在语音入门课程中就已经学得很扎实了,那么这类错误只会在粗心大意或者缺乏持续练习的情况下发生。

---

① 法语 cœur 意思是"心脏",阳性,名词。——译者
② 法语 dû 是 devoir(应该)的过去分词。——译者
③ 法语 gent 意思是"种类",这个词语现在不再单独使用。——译者
④ 英语 gant 意思是"手套"。——译者
⑤ 法语 peut 意思是"可以"。——译者
⑥ 法语 eut 意思是"有"。——译者
⑦ 德语 frass 意思是"饲料",阴性,名词。在现代德语拼写中,ss 写为 ß。——译者
⑧ 德语 fuss 意思是"脚/足",阳性,名词。现代德语拼写中,ss 写为 ß。——译者
⑨ 德语 nass 意思是"潮湿的",形容词。——译者
⑩ 德语 nuss 意思是"坚果",阴性,名词。——译者
⑪ 德语 bischen 意思是"把孩子放在怀里摇,哄孩子",动词。——译者

然而,语音运用时出现的错误(B类)一般来说归咎于发音和每种语言拼写体系的不一致性;它们不是由我们母语的发音习惯所造成的,即使是那些对所有外语语音已经掌握得特别好的人(事实上,甚至是母语者自己),也容易在只看到其书写形式但从未听过其发音的生词上犯这种错误。

音标帮助我们避免的正是后一类错误,它可以防止我们犯那种不同语言的拼写体系容易让我们犯的错误。音标在所有的语言教学中都是必要的。不过,理所当然,在不同的语言中,音标可以或多或少地偏离一般的拼写体系。在芬兰语和西班牙语中,拼写与实际语音非常接近,因此在标示音标时只需要做非常小的改动;在意大利语中,所有需要指出的大概只有 e 或者 o 是开口还是封口,s 和 z 是浊音[z,dz]还是清音[s,ts],以及哪几个单辅音应该发成双辅音(长辅音)。在德语中,拼写体系跟实际语音已经相差很远了,但在法语、丹麦语和英语中,包含所有例外项的互相矛盾的规则如此之多,以至于音标必然与传统拼写在外观上有很大的不同。

马克斯·穆勒(Max Müller)曾经说过,英语的拼写体系是一个民族的不幸。维埃托对此又做了发挥,他认为英语的拼写是一个国际性灾难,因为不仅是英国人,其他国家和地区所有受过教育的人都会受到它的困扰。现在,通过音标,外语中的单词就会以一种正常的、理想的方式呈现给我们,其中的每个字母始终表示相同的音,并且每一个音也总是以同样的方式呈现。

有一些人竭力反对使用音标,因为它在表现口语中语调等细微变化方面永远不够完美,因此,不能替代教师的口头讲授。但是,我们从来没有认为音标可以替代教师;除了那种不需要教师、总是有点不够完美的自学,我们始终强调教师亲口教学生发音的重要意义,我们也没有建议把音标当成什么东西的替代物,而只是把它当成一种辅助。即使音标漏掉了一些细微之处,它仍旧是有好处的。这就好比,即使我们不会用到小数点四位以后的数,一张对数表仍是十分有用的。

然而,其他一些反对者又提出了与上面的意见完全相反的意见,认为我们的语音符号系统过于精细,不适合在学校使用。尽管很多人这样说是因为他们把科学著作中使用的音标跟我们想在学校里推行的、绝不超出普通学生理解力的更为简单的音标混为一谈了,我们这里仍可以对此做出回应。我们想要达成(并且希望实现)的目标是,让学生在发音方面达到比我们的前辈所希望的还要高的准确性,这也是非常必要的,因为以前的学校教给学生的发音对母语者来说太难听懂了。此外,我们的系统是建立在简易性原则之上的,那么,与你们相比,我们可以花更少的功夫,用更简易的方法,取得更准确的发音。当数学家们开始用小数形式(3.1415)而不是分数形式 22/7 写下 π 的值时,他们不仅获得了准确性,而且在较长的运算中也更方便,因为小数要比分数更容易运算。我们的音标也有类似的优势,可以引以为傲。

以往的很多读物(更不用说词典了)已经试图用不同的标示语音的系统来减弱拼写体系对语音的不良影响,比如,在元音上加数字,用直线标示长音,用曲线标示短音,将发浊音的 s 写为斜体,或在别处将不发音的字母写作斜体,在字母的上方或者下方使用点或者曲线。正是因为他们试图尽可能少偏离拼写系统,所有这些系统就必然采用一些非常态的标记,因而变得过于复杂,从而无法真正让学生受益。但是,语音学家们从理据原则出发,成功地创造了音标系统,在准确性和简易性方面真正满足了所有合理的要求。① 我不止一次地深刻体会到这个系统简单易学。在使用了我编写的教材但那里的教师害怕音标的几所学校,孩子们在遇到一个不知如何发音的单词时会主动使用音标。有几位家长也告诉我:他们已经熟悉了孩子们所用的教材中的音标,一点也不觉得难。

这里,也许有必要考虑一下向学生传授外语知识的四种可能的方法:(1)不让学生使用任何文字,口头教授所有的东西;(2)只教给学生拼写系统;(3)拼写系统和音标一起教;(4)只教学生音标。

第一种方法显然具有这样的优点:不会有任何语音符号让学生已经清楚地理解了的东西变得更复杂;这种方法与儿童学习母语的方法比较接近。越符合以下情况,就越像儿童第一次习得母语的方式,那就是:只有一个学生,或者起码是比较少的学生;学生(们)的年龄不是很大,尤其还不太熟悉写作的奥秘;教师是这门语言的母语使用者;最重要的是,要有充足的教学时间。因为我们不能忽视这样一个事实:这种纯粹的口头讲授要花非常多的时间。大量的重复是必要的,而且教师得有极大的耐心。在学校里,这种纯粹的口头讲授最多只能在两三个月的短期基础课程中开展,接着就要过渡为使用某种形式的文字了。(1)、(3)两种方法都试过的沃尔特强调了他的观点:在课堂上讲一点音标比单纯的口耳相传更受欢迎,因为纯粹的口传心授会浪费大量的时间,而且教师几乎不能保证全班学生都跟得上。

---

① 而且,现代语音学家的不同理论体系都非常相似——比早期任意标记发音的方法,比如沃克(Walker)、弗吕格尔(Flügel)、图森特－朗根沙伊特(Toussaint-Langenscheidt)、坦格尔(Tanger)等的标音体系要统一得多。任何一位学过斯威特标音法的人都能很容易地阅读帕西或者我的标音方法,反过来也一样;其中的差异几乎不值一提。

第二种方法允许学生直接看传统的拼写,教师则口头告诉他们如何发音。该方法所要求的没完没了的重复和令人痛苦的有错必纠让教师和学生都大伤脑筋,面对艰巨的任务,学生们总是会因为灰心丧气而应付了事。

当然,拼写和发音之间的联系有规律可循,但不幸的是,无一例外的规律寥寥可数,以至于这些规律并不可靠。

第三种方法从一开始就教学生传统的拼写,但同时也教给他们音标作为辅助,要么是给生词表中的每一个生词标上音标;要么是(另外)把阅读材料转写成音标形式。这种教学方法充分利用了音标的优势,好几位教师对其所取得的结果表示满意。我毫不怀疑用这种方法取得的教学效果比不用音标的效果要好。然而,我也深信,使用这种方法有时候可能会使那些理解力不强的学生混淆了两种拼写系统,结果是既没有学好发音,也没有学好拼写。

对于第四种方法,像大多数支持使用音标的人们一样,我总是更愿意让初学者在一段时间内只用音标,这样他们不仅可以对声音—符号系统非常熟悉,也能在看到许多单词的拼写形式前就非常熟悉许多语言材料了。这里需要遵循的原则是,不要让难点累积起来,而是要一个一个地克服。学生们在上过几次课、知道了这些符号后,他们阅读课文时就不会有什么困难了;因此,比起同时要掌握灵活多变的拼写系统,学习音标本身(连同词义和语法形式等)要容易得多。

就这个方法而言,用音标写成的意思连贯的课文当然是必需的,而这样的课文也可以推荐给采用第三种方法的教师,因为有很多发音要点在词表中单个词的音标中根本体现不出来,只能出现在句意连贯的篇章中的词语组合中。比如,法语 *le*、*de*、 *demande*、*devenir*、*quatre* 等词中的[ə]，根据紧邻[ə]前后辅音数量的不同，有时候发音，有时候不发音：*à devenir* 发[advəniːr]，*pour devenir* 发[purdəvnir]，等等；在英语中，*r* 也有不同的发音变化；受句子重音的影响存在两种读音，比如 *can* 可以发 [kæn]，也可以发[kən]；还有其他许多类似的发音现象确实需要注意，因为如果不考虑这些要点，说出的话就怪腔怪调的；并且，如果不熟悉说话的人，我们也就听不懂他们的话[①]——因为我们不能要求法国人把他们的话说得很生硬，并为了迎合我们破坏他们天生的说话习惯。只有使用由音标写成的意思连贯的课文，教师才能从一开始就要求学生在正确把握课文主旨的前提下抑扬顿挫、富有感情地朗读外语课文。

　　在有关这个话题的谈话中，我经常不得不回答我是否也希望学生学习写出音标，那我必须在这里用几行文字来回答一下这个问题。学生们当然必须写音标，但是专门去学——哦，几乎没有必要，因为根本不需要他们专门花时间和精力去学。他们学了这些符号，并且认识了这些符号时，不管什么样的词语，只要知道如何发音，他们就能用音标写出来；这是由音标的自然属性决定的。听写，即学生们要把教师说的内容用音标写下来，只以准确地听出发音为前提，不失为考查学生能不能准确无误地听出教师所说内容的好方法（可参考第六章倒数第二段）。

　　教师只用音标进行教学的时间大概应该有多长？这是最难回

---

　　① 我记得，当某位法国人在句子中用了[stane]这个短语时，一位女士非常沮丧；直到我换了[sɛtane]来重复这个句子，她才理解了这个句子。"哦，"她回答道，"如果他说[sɛtane]我就懂了；我们在学校时就是那样说的。"（今年）

　　[stane]和[sɛtane]都是 *Cette année*（意思是：今年）的发音，前者带有一点口语色彩的发音特点，而后者是每个音节都发得很清楚。——译者

答的问题之一,我不敢贸然给出明确的答案。毫无疑问,这在一定程度上要根据学生们的年龄和成熟度,以及可用于教授这门语言的总学时的长短来定。我自己甚至敢把音标教学的时间安排得如此之长:在教一个班英语时,结业考试前的两年里每周只有两个学时的课,而我把第一年的全部时间都用在了音标上(用斯威特的《基础课本》(*Elementarbuch*)),并不觉得可惜。在低年级的法语班中,我至少用了一年多的时间使用音标进行教学,只有在一些孩子从别的学校转进来时才感到吃力。还有几次,我再次压缩了音标课的时间。总的来说,我尝试了各种各样的方法,只有这样一个目标:尽可能长时间地使用音标。因为,以这样的方式会学到相对更多的语言知识,以至于我一点儿都不怀疑:每周课时相同、年龄相当,学了两年音标、半年拼写系统的学生,会比学了半年音标、两年半拼写系统(总共比前一位学生多学了半年)的学生更了解这门语言(不仅限于发音!)。那么,音标本身就是一种训练学生在发音方面高度精确的好方法,因为他们的确需要持续地保持关注,以便把每一个符号所标示的音读得十分准确;因此,我非常重视音标在外语教学上的意义。

不过,我们当然还得在某个时间开始学习拼写系统;我认为,正是这种从音标到拼写的转换最让人们对使用音标望而却步,因为他们以为转换一定很难。但是,现在所有敢于尝试音标的人都一致表示:他们对转换可以毫不费力地进行感到惊讶;对教师和学生们来说都不存在任何值得一提的困难;他们也对用此方法教出来的学生在拼写上表现出的准确性感到惊讶。这种现象背后的心理原因可能是:这些学生对声音和书写之间的差异有了更敏锐的感知,加之他们也不像其他人那样被迫一次性学习很多东西(拼写、发音、意义、屈折变化），而只需将单词的拼写作为应该单独学习的内容单拎出来进行学习，这时学生们已经对那些单词的发音和意义相当熟悉了。

进行转换的最好的方法似乎是复习已读过的或已学过的选文。首先，教师可以根据自己对英语拼写的看法对拼写系统进行总体性的介绍；他可以提醒学生们注意 *night* 和 *know* 中有的字母不发音，*home* 和 *honest* 中元音的发音不确定，等等。然后，拿一篇学生们已经学过的法语课文给他们看；一个词一个词地过，引导学生们自己去发现字母和它们的音值之间的最重要的关系。现在，他们可能第一次要跟重音符号和下加变音符号打交道，这些概念的名称他们也得学。①

在接下来的课程中，可以采用前面介绍过的类似语法观察的方法引导学生们对拼写和发音进行比较；有时候，可以从某个发音开始，让学生指出出现在这一页上的所有含有这个发音的词语；有时候，可以从拼写系统开始，让他们对某个字母的所有发音进行标注并归类。这些基本知识花几节课就足够了。

教师一开始就应该要求学生们学拼写系统吗？也就是说，他应该检查他们的拼写或者让他们听写吗？不应该——即使不采用音标教学的方法，一般也不要这样做。要先让学生们习惯于看拼写，在刚刚建议的练习中让他们抄写课文；之后可以要求他们学着

---

① 在用英语拼写单词时，用法语或德语的字母名称进行拼写不过是装腔作势，对此我们只能耸肩表示遗憾，特别是因为字母名称并不能一以贯之，而仅适用于少数几个字母，在不同情况下，y 可读为［igræk］，也能读成 *ypsilon*，*ch* 可读为［seʃ］，也可读为［tseha］，而它也存在于那些允许保留英语名称的发双元音的字母中间，以及其他一些情况之中。如果教学全用外语进行，情况就完全不同了；那么就有必要练习字母的外语名称，但必须一以贯之。

拼写每篇课文第一行中的单词,经过几个月的学习,学生们就能按学院派所要求的那样对法语或者德语拼写运用自如了——而且,假以时日,学生们通常会更加得心应手。①

在开始学习拼写后,绝不能放弃使用音标:音标是一个很好的辅助,不能弃之不用。不仅要用音标朗读整篇材料,至少偶尔为之,而且还应该与所有的新词(尤其是词汇表中的词语)建立联系,以防止想当然,从而在下一阶段也获得另一项重要的成果,那就是教师可以像严格要求掌握词义一样对发音的学习也做出严格要求,然而,如果没有音标,教师就不能指望学生们在家预习发音。通过把音标转换为实际发音的持久练习,学生们会拥有让他们终身受益的东西,那就是当他们不再有老师可以去问某个新词的发音时,他们能够通过音标自己获取信息。几年前被认为是在遥远的未来才可能实现的事情,即所有的法语和英语词典应该按照理据原则提供发音,现在,正如我们所知,随时都可能变为现实。②

语音学和音标在现代外语教学中的应用必须被看作是现代教育学最重要的进步之一,因为它不仅非常简便,而且在准确性方面也有很大提升。不过,这些手段必须从一开始就立刻使用;因为这

---

① 任何一位曾在教学中使用音标,将其作为改善发音的辅助工具的人,都会知道音标所带来的好处;但同时也会知道,这些音标(的作用)在拼写方面造成的危害只会持续短短的几周,其程度微乎其微,至少远低于拼写中的错误发音所造成的危害。容克尔《更新的语言》(H. P. Junker, *Die neueren sprachen*)。

② 要特别参考墨雷、布拉德利和克雷吉(Murray, Bradley & Craigie)编撰的《新英语词典》(*New English Dictionary*),施勒埃尔(A. Schröer)编撰的《格里布英语—德语词典》(*Grieb's Englisch-deutsches wörterbuch*),兰赫尔—尼尔森(Rangel-Nielsen)编撰的《法语—丹麦语词典》(*Fransk-danske ordbog*)。我自己翻译了布吕尼尔森(Brynildsen)的《英语—丹麦语—挪威语词典》(*Engelsk-dansk-norske ordbog*)中的英语词汇,其中的三分之二已经出版。还应该提及埃德格伦(Edgren)的《法语词典》(*French Dictionary*),但是我本人并没有见过这本词典。

样做可以很容易地学到地道的发音,而按照错误或过时的方法施
教、在很短时间内就变得根深蒂固的坏习惯则很难根除。蒂莫托
伊斯(Timotheus),著名的资深音乐教师,常常要求来跟他学习之
前接受过其他老师指导的学生付双倍的学费;他给出的理由是:教
这些学生比教那些没有养成坏习惯需要他去纠正的学生要费劲得
多。照此去做吧,语言教师们!

　　关于留声机的使用,我要补充几句。近年来,这种设备已经非
常完善,可以把大多数元音和重音、语调等所有的基本特征完美地
呈现出来。但是对大多数辅音的还原还远未达到完美的程度,你
常常无法分辨听到的是 p 还是 f,诸如此类,而且不可能依靠一条
录音来分辨 s 音和类似发音的细微差异。即使这种设备更为理
想,它也不可能取代教师,这一点也很清楚。但是,如果在一位能
干的教师手里,我也毫不怀疑,它会提供非常有价值的帮助;这个
设备很有耐心,如果需要,它可以不知疲倦、原汁原味地把同样的
话重复很多遍;你还可以录下来自不同地区的人对同一篇短文的
录音,比如,第一段来自柏林(Berlin)人,第二段来自汉诺威
(Hanover)人,第三段来自慕尼黑(Munich)人,第四段来自维也纳
(Vienna)人。这可能对比较不同地区的人的发音非常有用。即
使如此,在平时的教学中,你要严格遵守一定的发音标准,并以各
种其他方式利用录音材料来激发学生的学习兴趣。但是,给他们
听的任何东西都应该同时提供语音文本——无论是通过课本,还
是通过板书。也许,在未来的某一天,我的同胞波尔森(V. Poulsen)
发明的录音电话机在语音教学和其他领域将取代爱迪生(Edison)
的留声机。

第十一章　高年级学生全面提升外语听说读写能力的必要性以及实施新方法的四个瓶颈

　　跟大部分教育学的专著一样,本书也主要关注对初学者的教学。不过,偶尔也会谈及如何教高年级学生,在此我要对此补充几条建议。最好延续最初几年的教学方法,只在需要时才做出改变。

　　学生们必须阅读,读更多的书、更好的书,书的内容要能吸引他们,并尽可能给他们多方面的信息和进一步的拓展——相应地,正如前文所建议的那样,不能只是文学作品。那类能让学生们从最广泛的意义上领略异域特色的读物特别适合,其中最好的是那些容易让学生爱上国外民族的精华的读物。坦尼森(Tennyson)说得对:"是作家而不是外交家让不同民族彼此相爱。"①现代语言教师应该永远记住,让本国人民知道并了解其他国家的情况是他们的使命。通过让他们的学生阅读优秀的文学作品,并让不同国家的年轻一代进行智慧交流,世界各地的语言教师最终可以证明,在开创长期融洽的国际关系方面,他们比海牙和平大会的作用要大。

　　有些书必须认真精读,有些则可以读得粗一些;也许最好分成

---

　　① 陶赫尼茨编撰的《阿尔弗雷德·洛德·坦尼森:其子回忆录》(*Alfred Lord Tennyson: A Memoir by His Son*, Tauchnitz, ed., IV. p. 84)。

若干等级。一开始,为了从书中汲取语言上的营养,必须"细嚼慢咽",过一些时候,当然就可以"狼吞虎咽"了。在较早的阶段,那些内容不太适合认真对待或者含有不是很有必要记的单词的章节可以一带而过。教师可以只让学生大声朗读这些章节,解释他们不懂的单词,但不必根据这些章节的内容提问,也不要求下次再学这些章节。之后,在阅读更严肃的作品的间隙,也可以用一两个月的时间以同样简单的方式读完一本轻松的小说。除了在学校里读书,学生们还可以在家里进行个人阅读。我在腓特烈堡(Frederiksborg)学校高级班里的法语兼英语老师马西森(H. Mathiesen)有一套让我们自愿阅读外文原版小说的好方法。老师在每个月的第一堂课上都要求我们提交一份读书计划,这时我们每个人都雄心勃勃地提交给他最长的书单。尽管我们读得很快,从来不查任何生词,我们仍然学到了很多,而且我认为由此养成的阅读习惯是我在学校的最后几年里收获到的最宝贵的东西之一。为了检查我们是不是确实读了我们立志要读的书,老师有时跟我们谈论书里的内容,但他会用丹麦语说;有时他只是让我们随意翻开一页并翻译其中的一小段内容。毫无疑问,像现在在德国的某些地方做的那样,组织全班同学在家里读同一本书,必须在某一天前(两周或一个月后)读完一定的量,这样的练习效果会更好。然后,他们必须能用外语讲述书的主要内容,还必须针对书里的内容互相提问,甚至偶尔可以要求他们写出主要内容,作为书面作业;老师快速检查完这些成果后,学生们就可以更自由地就书里的内容进行口头练习了,这给了他们进一步交谈的机会——所有的对话都是用外语进行的。

然而,最重要的是要读得特别透彻,透彻到无论是对内容还是对语言学生都已完全掌握,因此在这两方面都应该尽可能地臻于完善。在问答练习中,内容自然起了重要的作用;并且,即使学生们觉得获得语言技能是目标,并且是非常重要的目标,但这个目标并不总是那么清晰。孩子说话不是为了练习母语,而是为了获得信息,也为了能跟别人交流——这才是他学说话的理由。随着学生们的进步,他们越来越觉得身临其境;在对话中,学生们直接表明他们理解了内容,间接表明他们弄懂了语言。

学生们必须谈论他们读过的东西,而且这种交谈并不是反对我们的人所说的那种仅仅是包含例行的寒暄用语的戏剧化对话,我希望我已经充分说明了这一点。[①] 某位老师在某本书里写道,所有能留出时间展开的对话由下面五个问题构成,这些问题总是在每节课开始时向班长(而且只向他)提出:"Who is the monitor?(谁是班长?)What date is it today? (今天是几号?)What day of the week is it? (今天是星期几?)Who is absent? (谁没有来?)What have you prepared for today? (你为今天准备了什么?)"。他不得不承认,只有少数学生能够在学年结束时不假思索地正确回答出这些问题,出现这种糟糕的局面主要是因为问题太少;在二十周内只把手指浸入水中三次的人,是永远学不会游泳的。第二个原因是,这些问题千篇一律,也跟学生阅读的内容无关。这位老师还写到,他每节课花在这些"基础练习"上的时间一般不会超过几分钟,因为阅读、翻译和语法要占用剩下的时间;在中级班,阅读、翻译和语法实际上占去了所有的时间,以至于在这个阶段根本

---

① 那些对此有疑虑的人们也可以读读沃尔特的《法兰克福改革计划后的英语教学》(*Englisch nach dem Frankfurter Reformplan*,pp. 152－165)和布雷布纳(Brebner)小姐的《教学方法》(*The Method of Teaching*),等等。这些书中有一些母语者所提供的材料,这些人参观过那些根据改革后的系统进行教学管理的德国学校,他们和学生们有过长时间的交谈。

没有时间进行任何对话练习。但是如果用谈话的形式来诠释课文,那就会收到一箭双雕的效果,很快就会发现口语技巧像积累财富一样不断增长;你只要达到了某一个点,一切都会水到渠成;积累的资本会以惊人的速度成倍增长,挡都挡不住。

　　学生们必须动手写——用外语写原创论文,而不是翻译——也就是说,使用的语言形式必须尽可能少受英语表达方式的影响。但题目必须具体,也不能太大。这种原创性的书面练习可能存在的首要风险是,学生们会回避所有的难点,只使用少量的他们感到有把握的表达方式。题目越不明确,越面面俱到,这种风险就越大。例如,最好不要出类似"浪漫主义学派"等太过宽泛的文学题目。无论是作为练习还是测试,题目越小越好;题目可以是:老师给全班同学读过的一段小轶事的叙述或报纸上关于某一事件的报道;对一幅画所画事物的描述,对课堂上读过的小说或某一段历史中的某个片段的重述,可能要求他们写成书信体;[①]对所读课文中某人物相关情况的总结;对已读过的文章(选段)的思想脉络的回顾;对一些诗句的意译。对于需要回答一连串问题的练习,或前文所说的同义替换练习,仍要限定在更小的范围内。

　　但是,这里讲的教学方法真的能在现有的条件下实施吗？难道各方面都没有遇到障碍吗？不是的;不幸的是,确定存在一些瓶颈,并给我们制造了很多麻烦,但幸运的是,它们并没有让新系统完全不可用。可能被提到的瓶颈有:课时太短、课时分配不合理、过于看重考试,以及师资力量不足。

---

　　①　总的看来,书信体是大多数人最常使用的写作形式,因此应该经常练习。几年前开始的国际学生书信交流,对于那些遇到了好的通信伙伴,并且自己不嫌麻烦的学生来说,将会有很大的益处。

　　现在留给现代语言的课时太短了。因此,所有现代语言的教师都应该团结起来,与那些对我们文法学校(这种学校还不少)的教学安排不满的家长们一起,为卸除压在学校身上、阻碍正在成长的一代接受满足我们时代所急需的教育的沉重负担而奔走,我的意思是,学校必须从古典语言中解脱出来,然后才会有空间来容纳所有现在被推到幕后——现代外语也在其中——的东西。[①] 但是,即使现在可用于教现代外语的时间很少,也还是有许多事情可以做得跟以往不同,比以往做得更好,现代语言教师们越能证明这一点,他们就越能远离过去匀速慢跑的(教学)方式,他们的学科就越会受到尊重,当未来的改革需要时,也就更愿意给这一学科留出更多的(教学)时间。

　　课时分配不合理。什么时候人们才能最终意识到不是所有的东西都能一下子学会?同时开好几门课,每门课每周的课时又如此之少,以至于学生们上新课时就忘记了已经学过的东西。这是一种可怕的时间上的浪费。

　　不要这样,一次学几样东西,或者只学一样,把每样东西都学好,把它学透了再学下一样东西。[②] 尤其是在语言方面,毫无疑问最好是学完一门再学另一门,而不是同时学;学每一门语言都应该每周花很多课时,而且一般来说,应该允许在一门语言上花两年的时间而后再开始学习另一门新语言;那时,第一门语言就牢牢地在学生们的大脑中生了根,每周再上几节课就足以巩固并

---

　　① 但是,当然也包括母语学习;对自然、植物、动物以及人的研究;绘画和手工艺,户外活动。

　　② 对这一原则的热情洋溢的推介可见于普法伊尔先前提到的作品"一个人",同样的想法在其他领域也得到了认可。

不断扩展了；①那样，两种语言就不会互相严重干扰了。而如果学生们在掌握两门语言中的任何一门之前就把它们放在一起学习，两种语言互相干扰的程度就会更大。对于孩子应该几岁开始学外语的问题，我不敢发表任何意见；我想我应该害怕开始得太早而不是太晚；在孩子接受其他语言之前，首先要让母语有足够的时间来牢固而持久地占据他的思维。

我们的学校体制中最大的弊端是考试。② 一切都围着考试转；父母、孩子，不幸的是还有一些老师，除了考试成绩什么都不关心；主管部门对日常教学听之任之，但是，对考官们可能表现出的哪怕是一点点的疏忽都不会放过。

考试迫使老师们过分强调死记硬背。"死记硬背可以定义为，把积累下来的未消化的事实和二手理论照抄在纸上，交给考官，然后永远忘记。一个为应考而死记硬背的考生跟一只被塞满食物的斯特拉斯堡鹅（Strasburg goose）的不同之处在于，前者吸收不了营养，如果这个过程没有使他食欲不振、推理能力变差，尽管记忆力出奇地变好，但对不感兴趣的学习内容心生厌恶，这就已经谢天谢地了。"③

考试给太多的年轻人造成了精神和身体上的伤害，这是我们承担不了的。要衡量一个年轻人的人生价值，考试没有任何价值；要检查他拥有多少真正有价值的知识，考试也没有多大价值；即使是为了考查他对正好被问到的东西了解了多少，考试也远没有人

---

① 这些课程不仅可以用来学习语言学习本身，也可以获得其他学科的有用信息；比如，为什么不在法语课上用法语学习法国地理和历史呢？
② 我这里说的是丹麦的学校体制，不过我怀疑这种弊端在其他国家也屡见不鲜。
③ 塞斯的《双周评论》(A. H. Sayce, *Fortnightly Review*, 1875)。

们想象得那么可靠。[①] 而且,考试在很多方面阻碍了课堂教学,而课堂教学如果不以考试为导向它是非常有益的。"考试会考这个吗?"这个问题总是有意无意地在课堂上被提出来,它扼杀了教师与学生交流自己最感兴趣的内容的热情,它也抑制了学生天生的求知欲。考试前,全校师生都被每年发作一次的慢性的考试黏膜炎所困扰。所有部门都认为有必要为应付考试而复习;学生们在几个月里会变成精神上的反刍动物;他们没有任何新的精神食粮,只能满足于把全年的学习成果以极快的速度再过一遍或两遍以上。已经给过他们的东西再端上来的时候,并没有变得更美味;所有诱人的东西——汁液和口感,全部消失了,除了干巴巴的、味同嚼蜡的东西,什么也没留下。

但是,尽管考试制度有很多缺陷,也不必在我们开始改进课堂教学之前就对它进行改革。考试要求并不难达到。即使我们没有从一开始就完全按照考试要求来规划课堂教学,我们也能让学生通过考试。虽然考试的重点可能是翻译而不是口语,但这并不是完全取消口语的理由。如果对外语的接受能力指的是理解这门语言的能力,而对外语的生成能力指的是运用这门语言表达自己的能力,那么,我完全相信,跟一开始就以生成语言为目标的人相比,任何只注重语言的接受性的人收获更小,理解这门语言的能力也更差。因此,我们全方位的练习至少能使我们的学生获得与其他学生同样多的语言的接受性知识;即使一个花了很大气力教学生说话的教师对平时练的这些内容在考试中很少考或根本不考感到恼火,他至少可以问心无愧——此外他和他的学生在日常教学中

---

① 如果在这一年里教学情况良好,那么来自学校的证书就足够了。

还共同分享了快乐。

　　也不应该因为要考试而不让学生进行及时的总结，也就是说，不要等到考试临近，已经读过的很多东西都忘了的时候再进行小结，这样老师就不需要时刻留意学生是不是理解了所有的内容，而是要在学生还记得很清楚的时候就开始做归纳总结，这样就没有必要在每一个小问题上都去考查学生。每一章讲完后都要对它进行复习，每个单元或每一本书讲完后也要进行总复习。这样，学生们就不会像以前那样把心思放在细枝末节上，而是会转向对整体的把握，由于复习工作可以采取几乎不被打断地一边大声朗读一边理解的形式进行，学生们便能够从中获得与母语者大致相同的阅读体验和阅读乐趣。① 如果在每个单元结束时都这样朗读一遍，那么在考试时我们就可以看到，分解在整个学年的分单元复习，比仅仅在考试前进行长时间的、单调乏味的总复习效果更好，此外，一直到最后，都要让学生读一些新东西来保持新鲜感。

　　推行改革法的最后一个可能的障碍，我谈到了教师。认为一个现代语言教师只要取得法律或神学学位——学习过塔西佗（Tacitus）或柏拉图（Plato），为了消遣读了几期《两个世界的评论》（*Revue des deux mondes*）或谢尔比列（Cherbuliez）和弗赖塔格（Freytag）的小说就足以胜任的时代已经一去不复返了。但是，即使是那些知识储备更加充足的年轻教师也经常会发现，要教好现代语言并不是那么容易。遗憾的是，我们很少为高中教师提供进一步提升的机会；他们应该有很多机会参加高级培训课程，尤其是

---

　　① 以前有人建议，对语言的观察和分类的各种练习都要与复习联系起来，而通过这种练习，似乎就把复习隐藏起来了，从而使学生接收到附着于新事物上的那些新的乐趣。

应该获得大量的游学奖学金,这样,任何一位有责任心的外语教师就可以在他(她)所教的语言的母语使用者中逗留足够长的时间。收入低、工作时间长,自然也会导致教师只看重考试成绩。

但我仍然继续希望,越来越多的教师将不再因循守旧,他们一定会发现打破常规是值得的,即使他们为了达到新方法的高要求,不得不在课堂教学中,以及在每堂课的备课中投入更多的时间和精力,尤其是在开始阶段。在德国和斯堪的纳维亚各国,正在大力改革语言教学;在挪威,本书中所推荐的许多方法甚至被 1897 年颁布的公办学校规划所采纳;①幸运的是,这场运动在英格兰也逐渐发展壮大。如果我这个外国人写的书能在鼓励和支持英语教师们满腔热情、不遗余力地引进更新、更好的教学方法方面尽一点绵薄之力,那么我很高兴能够以此偿还我欠英国和许多英国人的人情。

最后,让我试着总结一下。那些过时的、不连贯的句子被证明是失败的。理由有很多,其中一个理由是:除了把它们翻译出来,再不能拿它们干别的了。它们引不起学生的兴趣,甚至不能用来声情并茂地大声朗读;它们不能以正好出现的特定形式被记住,所以不能用来做造句子的模板;因此,背下来的那些语法规则开始起非常重要的作用。一切都变得单调乏味,毫无生气。

我们的方法尽量应用互为支撑的多种方法。发音教学,不仅仅是教师说一个词,学生跟着说一个词,也不是让学生根据拼写法则猜测单词的发音,教师再予以纠正。后一种方法我们完全摒弃;但前一种方法我们甚至比以前用得还要广泛,除此之外,我们还采

---

① 目前,在法国也是如此。

用了理性描述和声音标示法。因此而得到改善的发音在很大程度
也有助于语言的另一方面(意义)的习得。过去,除了翻译以外没
有别的方法可以传达词义,现在,我们可以用的方法还有直接观察
法、间接观察法,以及用外语进行解释等方法。以前,学生必须记
住范例、烦冗的语法说明和语法规则,只管相信它们就好了,现在
我们让他们自己去考察,从而深入了解该语言的构造。以前唯一
要做的练习是把母语翻译成外语,而现在我们有一整套形式多样
的练习,例如:直接复述(重复教师的话;根据书上的原话回答问
题)、修改后复述(改变句子的时态、人称等;回答更具有开放性的
问题;主动提问)、自由复述(用自己的话叙述),并最终实现自由生
成(书信等)。因为所有读的、说的、练的内容都有实在的意义,兴
趣就会被唤醒并保持下去,这样的教学不仅形式多样,而且尤其适
合教活的语言,使所教的东西成为名副其实的真正鲜活的东西。

参 考 文 献

M. Bréal, *De l'enseignement des langues vivantes*. Paris 1893.

M. Brebner, *The Method of Teaching Modern Languages in Germany*. London 1898.

K. Breul, *The Teaching of Modern Foreign Languages*. Cambridge 1898.

H. Breymann, *Die Neusprachliche Reform-Litteratur*. Leipz. 1895.

F. Franke, *Die praktische Spracherlernung auf Grund der Psychologie und der Physiologie der Sprache*. 3. Aufi. Leipzig 1896.

Otto Jespersen, *Fransk Begynderbog*. 3. Udg. Copenhagen 1901.

—— *Kortfattet Engelsk Grammatik*. 4. Udg. Copenh. 1903.

—— *The England and America Reader*. Copenh. 1903.

—— *Fonetik*. Copenhagen 1897-1899.

—— *Lehrbuch der Phonetik*. Leipzig 1904.

O. Jespersen and Chr. Sarauw, *Engelsk Begynderbog*, I. and II. 3. Udg. Copenhagen 1902, 1903.

H. Klinghardt, *Ein Jahr Erfahrungen mit der neuen Methode*. Marburg. 1888.

—— *Drei weitere Jahre Erfahrungen*. Marb. 1892.

P. Passy, *De La Méthode Directs Dans L'Enseignement Des Langues Vivantes*. Paris 1899.

K. Quiehl, *Französische Aussprache und Sprachfertigkeit* 3. Aufl. Marburg 1899.

J. Storm, *Om en forbedret Undervisning i levende Sprog* Norske universitets-og skoleannaler II.

H. Sweet, *The Practical Study of Languages*. London 1899.

W. Viëtor, *Der Sprachunterricht muss umkehren*. 2. Aufl. Heilbronn 1886.

M. Walter, *Englisch nach dem Frankfurter Reformplan*. Marburg 1900.

W. H. Widgery, *The Teaching of Languages in School*. 2. ed. London 1903.

译　后　记

　　2013—2014 年,我作为访问学者在斯坦福大学研修第二语言语法教学和教师教育。一次在图书馆里浏览图书,不经意间遇见这本百年前的著作——一本泛黄的薄册子,封面上盖着各种图章,借书卡上涂写着读者的名字,密密麻麻,像是告诉我它曾经的辉煌。因为书本身不太厚重,我便很有兴致地翻阅起来,怎么也没有想到,这一翻就翻到了今天——这本书的中文译本即将面世。

　　原著作者丹麦著名语言学家奥托·叶斯柏森,在普通语言学研究领域享有国际声誉。作为 19 世纪末 20 世纪初欧洲外语教学改革运动中的重要领军人物,叶斯柏森也是一位卓越的外语教育家和优秀的外语教师。他积极倡导现代外语教学改革,在语言教学方面所做的实践探索和思想引领丝毫不逊色于他在语言学研究中的贡献。《怎样教外语》是当时最具影响力的外语教学著作,也是叶斯柏森现代外语教学思想、理论和实践的集成。他在书中对于语言教学,尤其是现代外语教学的认识和实践,即使在今天看来,仍相当具有启发性。为此,我们也希望中文译本能够秉承其思想精华,传递其核心要义,为外语教育和教学改革提供更坚实的基础以及更开放的思路。

　　在翻译过程中,我得到了美国明德中文暑期学校陈翩翩女士、国家外文局马慧圆老师、北京语言大学刘宇宁老师、香港大学一休博士的帮助，在此深表感谢。我更要感谢北京语言大学崔希亮教授对出版本书的推荐，感谢美国肯扬大学白建华教授对本书的耐心审阅，感谢商务印书馆对原著的中文译本价值的认可，特别要感谢商务印书馆白冰老师在本书出版过程中给予的悉心指导以及付出的心血。没有这些支持和帮助，这本书必定无法顺利出版。而由于本人的学识所限，中文译本中肯定会存在一些不当之处，敬请读者批评指正。

《怎样教外语》于 1901 年出版，2021 年恰逢其出版 120 周年纪念，我也想谨以此书向叶斯帕森，以及所有致力于语言教学和研究的前辈时贤们致敬。

田　靓

2021 年 12 月于龙樾寓所

图书在版编目(CIP)数据

怎样教外语/(丹)奥托·叶斯柏森著;田靓译.—北京:商务印书馆,2023
(国外语言学译丛.经典著作)
ISBN 978-7-100-21680-7

I.①怎… II.①奥…②田… III.①外语教学-教学研究 IV.①H09

中国版本图书馆 CIP 数据核字(2022)第 172005 号

本成果受北京语言大学校级项目
(中央高校基本科研业务费专项资金)
资助(项目编号:22HQ01)

国外语言学译丛·经典著作
怎样教外语
〔丹麦〕奥托·叶斯柏森 著
田 靓 译
————————————————
商 务 印 书 馆 出 版
(北京王府井大街 36 号 邮政编码 100710)
商 务 印 书 馆 发 行
北京艺辉伊航图文有限公司印刷
ISBN 978-7-100-21680-7
————————————————
2023 年 4 月第 1 版 开本 880×1230 1/32
2023 年 4 月北京第 1 次印刷 印张 5⅝
定价:38.00 元